これからの
家族の法
親族法 編

奥山 恭子 著

不磨書房

はしがき
──著者からのメッセージ──

　この本を使って「親族・相続法」を学ぼうとしている諸氏の中で，将来法律の専門家になろうとする者はそれほど多くはないかもしれない。現在司法制度改革がさけばれ，法律家の数を増やす計画が思案されているが，増やすと言っても国民全体の数からいったら微々たるもので，日本がアメリカのように日常的に弁護士に相談するという社会になることは少なくとも近い将来には想像しがたい。まだまだ日本は法律家と一般人の距離が遠い国といっても間違いではなかろう。

　だからこそ法律を学ぶ皆さんには，家族の法律をしっかりと身につけていただきたい。家族法の領域はだれもが経験する場面が多い。夫となり妻となり親となる。あるいは親が高齢となったときの援助，さらには自分が高齢となったときの財産や身辺の管理等，だれにも避けがたいことばかりである。

　家族法は財産法と異なり，紛争が生じたときの解決手段として機能するだけではない。親は子に何を為すべきか，夫と妻は相互に夫婦としてどのような関係性で関わるのか等々，日々の生活に関わる生き方を示すという意味も持つ。いま，家族法の知識をしっかりと身につけ，結婚したとき，親になったとき等々，実際の場面に直面したとき，もう一度思い出してもらいたい。

　また学生のみならず，社会人入学や聴講生として，あるいは社会生活を送りながら家族の法を知ろうと思い，または知る必要にせまられて本書を利用する方々には，これまで培ってきた豊富な人生経験を法律の目で整理していただきたい。家族に関わる法は社会状況の変化をもっとも受けやすい法分野である。長い人生経験を持つ方ほど，変貌ぶりに戸惑うかも知れない。そこで，なぜ法は変わるのか，変わるべきなのかを考えていただきたい。家族法の課題は究極

的には，人はいかにしたら人間らしく生きることができるかというところにあるのであるから。

　以上の趣旨からも，本書は「おぼえる」ことよりも「なぜか」と疑問に思うこと，そこから本質的問題を見出すことに力点を置いた。(RESEARCH in DEPTH!)は，そうした諸論点である。ゼミナールや勉強会での素材として利用されることを期待する。

　最後に本書は，編集のプロたる稲葉御夫妻の御尽力により，完成したものである。常に読者の代表としての目で助言を賜ったことは，読者に読みやすい本を心掛けた著者にとって，何より心強く，有難いものであった。記して感謝したい。

　　2000年3月

　　　　　　　　　　　　　　　　　　　　　　　　　　奥　山　恭　子

目次

はじめに 家族法をよりよく理解するために

家族とは何か──民法に家族という言葉はない！ ……………3
  現行家族法編ができた経緯は？　3
  COLUMN　民法典論争　4
  「家」制度をめぐる論争とは何？　5
  COLUMN　民法旧規定（昭和22年の改正前の規定）（抄）　6
  「家」の廃止によってできた条文はどんなもの？　7
  戸籍の制度にはどんな機能がある？　7

新しい事実婚問題とは何か …………………………………8
  まずは内縁とは何？　8
  新しい事実婚とはどんな現象？　10
  新しい事実婚を認めるとは何をすることか　11
  家族の法の範囲は広い　12
  COLUMN　＊手にしよう，目にしよう，貴重な資料！　13

I　総　説

民法と家族法 ……………………………………………15
  1　明治民法と「家」制度　15
  2　新民法の形成と理念　16

家族法の特質 ……………………………………………18
  1　「身分行為」としての特性　18

2　家事事件と家庭裁判所　20

親　　族 ……………………………………………………23
　　1　親族の種類　23
　　2　親族関係の変動と効果　26
　　COLUMN　遺族とはだれのこと？　──臓器移植に同意
　　　　　　　するのは遺族　28

II　婚　　姻

婚姻の成立 ……………………………………………………31
　　1　婚姻制度　31
　　2　婚姻成立の実質的要件　32
　　3　形式的要件　33
　　4　無効取消　34
　　COLUMN　再婚禁止期間は必要か！　35
　　　　　　　父母の同意はなぜ必要か！　36

婚姻の効力 ……………………………………………………38
　　1　一般的効力　38
　　2　財産的効果　40
　　COLUMN　夫の給料の半分は妻のもの？　42

婚姻の解消 ……………………………………………………44
　　1　離婚制度　44
　　2　協議離婚　45
　　3　裁判離婚　46
　　4　離婚の効果　50
　　COLUMN　"Best Interest of Child"（子の最善の利益）　53

目次 vii

Ⅲ 親 子

親 子 法 ……………………………………………………………55
　　1　親子法の理念と構造　55
実　　子 ……………………………………………………………57
　　1　嫡 出 子　57
　　2　嫡出でない子（非嫡出子）　59
　　COLUMN　人 工 生 殖　63
養　　子 ……………………………………………………………64
　　1　普 通 養 子　64
　　COLUMN　住民票の記載変更　68
　　COLUMN　諸外国の養子法　70
　　2　特 別 養 子　71
　　COLUMN　赤ちゃん斡旋事件　73
親　　権 ……………………………………………………………75
　　1　親権原理と当事者　75
　　COLUMN　「親権・監護権は妻」が増加　77
　　2　親権の内容　77
　　COLUMN　「親権者」と「親権を行う者」　84
　　　　　　　悪魔ちゃん事件　84

Ⅳ 後 見

新しい後見制度 ……………………………………………………87
　　1　未成年後見　88
　　2　成年後見制度　89
　　COLUMN　心神喪失・心神耗弱はなぜ使われなかったか　96
　　3　任 意 後 見　96

V　扶　養

扶養の意味 ·· 105
 1　なぜ法律が問題にするか　105
 2　私的扶養と公的扶助　106
 COLUMN　江戸時代の扶養　106

民法上の扶養制度 ·· 107
 1　扶養の権利と義務の発生　107
 2　扶養義務の種類　108
 3　扶養の当事者　108
 4　扶養の順位・程度・方法　109
 5　事情の変更　110
 6　過去の扶養料・立て替え扶養料　110

資料編　113

索　引　145

これからの
家族の法
親族法編

はじめに
家族法をよりよく理解するために

家族とは何か──民法に家族という言葉はない！

〈現行家族法編ができた経緯は？〉

　家族と無縁の人はいない。家族ほど人生と密接に関わるものはない。しかしそれでは家族とは何かと問われると、人それぞれに自分にとっての家族をあげることはできるが、一般的に家族の範囲を限定することは、実はむずかしい。

　両親はもちろん、同居している祖父母、すでに独立して別所帯を構えている兄弟姉妹も、自分にとってはかけがえのない家族という者もいる。逆に親元から自立し、都会で一人暮らしをしている者にとって、唯一の家族はペットの猫だという言い方すらある。

　それでは家族の定義を条文から探し出そう。ところが民法の条文に家族という言葉は出てこない。親族相続法が家族法であるといわれながら、なぜ家族の定義がないのであろうか。

　現行民法典は総則、物権、債権の総称である財産法編（第1・2・3編）と親族相続法のいわゆる家族法編（第4・5編）に分かれており、明治31年に施行されたものである。二部構成とはいえ、第1編から第5編まで、条文も通し番号であるから、形式上は一つの民法典というべきである。

　ところが公布日は、前半が明治29年法律第89号、後半は明治31年法律第9号と異なっており、さらにそれ以上に六法を眺めてすぐに気がつくのは、前3編

が漢字混じりカタカナの文語体でいかにも古いことであろう。両者を分けるのは、内容が単に財産を扱う編か家族編かの差異に止まらず、後半2編が戦後抜本的改正を受け、ひらがな使いの現代に通用する文章になっただけではなく、基本的理念の上でも大きな変革を経てきたことである。

親族・相続編の改正は正式には「昭和22年法律222号　民法の一部を改正する法律」という名で行われた(同23年1月1日施行)。しかし民法の一部であることには間違いないが親族・相続編全体がその基本方針もろとも入れ替ったもので、戦後の親族・相続編の改正は実質的には新民法の制定ともみなしうるものである。したがって親族相続法の分野では現行民法第4・5編を新民法あるいは現行民法と称し、明治31年民法は旧法もしくは明治民法(ちなみに旧民法といえば一般には明治23年民法をいう　⇒COLUMN「民法典論争」)と通称されている。

さて戦後の親族・相続編改正過程であるが、第二次世界大戦の終了は、いうまでもなくわが国の政治・社会システムに大変革を及ぼした。欽定憲法を民主憲法にすることに始まる法制度の一新に伴い、戦前の戸主による家督の相続を中心とする家制度が廃止され、新憲法(昭和22年5月3日施行の日本国憲法)の「個人の尊厳と両性の本質的平等」(24条)の理念に沿った、基本的人権尊重と男女平等を旨とした新しい民法へと変貌したのである。

しかし規定された文言は確かに男女平等に沿った刷新的なものであったが、現実には「家」制度下の風習が根強く残り、「家」的意識は抜きがたく存在していた。しかも明治23年民法制定に際しての民法典論争以来の、「家」制度温存派と廃止派の争いは戦後の新しい民法にまで尾を引くことになる。

COLUMN

民法典論争

わが国初の近代的民法典はフランス人法学者ボアソナードを中心として編纂され、1890(明治23)年に公布され、1893(明治26)年から施行されるはずのものであった。全体としてフランスの個人主義・自由主義的色彩が強いものであったところから、強烈な批判を受け、無期延期の名の下に実施されずに終わった。「幻の法典」と言われるゆえんである。

> 延期派として有名な『穂積八束』の「民法出テ、忠孝亡フ」の中で，延期の理由が述べられている。同民法第一次草案が「一男一女の自由契約」をもって家とし，「一男一女情愛ニヨツテソノ居ヲ同フスル」小家族制を基本としていることが，わが国古来の家父長的家族制度に沿わないとするのである。これが世に言う「法典論争」，もしくは「民法典論争」である。

〈「家」制度をめぐる論争とは何？〉

　明治民法下の「家」制度は本質的・潜在的に男尊女卑思想にもとづくものであった（⇒COLUMN「民法旧規定」）。戦後の法改正の推進役である我妻栄，中川善之助両博士らは，保守派の先鋒牧野栄一博士らの，「家」制度の廃止が道徳的祖先崇拝の美風まで否定するという反対をうけ，この攻撃を抑えながら法制度としての「家」を廃止して新しい制度を作り上げなければならなかった。したがって完全な民主化は反論を強め逆効果になることから，新民法はある意味では妥協の産物であったともいえる。

　例えば親族間の扶養義務を規定した730条には「直系血族及び同居の親族は，互いに扶け合わなければならない。」とあるが（⇒27頁），この条文が民法に導入された経緯は，まさに個人主義的近代法理念と旧来の家的風習および「家」的価値観の葛藤の産物であった。

　そもそも個人の尊厳を規定した憲法制定の論議を引き継いで，「家」制度を廃止することは決定したものの，それとの引き替えとして反対派の牧野委員から出された『直系尊属および同居の親族は互に協力扶助すべきものとする』という強い希望を取り込んで，改正条文に盛られることとなったのである。

　そのほか祭祀承継（⇒51頁）について，起草者は民法からの削除を検討したが，反対派に押し切られ，さらに氏についても（⇒7頁），「家」の生まれ変わりとなるという家制度廃止派からの批判もあったが，他の法的効果とは連動させないことにして（ただし祭祀承継のみは例外）そのまま存置されることとなった。

　このようにいずれにしても制定された条文はいわば妥協の産物であったから，「家」制度廃止派，反対派双方にとって，満足のいくものでなかったことは当然

である。特に反対派の心底には，民法が変わることで日本古来の孝養という観念がなくなってしまうという危惧がくすぶっており，これがまた後に家制度復活論へと再燃することになる。ただしこのときにはもはや法学者はこれに妥協されることなく，昭和29年以降の法制審議会総会，ならびに民法部会での審議でも，「家」の廃止は新憲法の要請であるとして揺るぎないものとなった。

COLUMN

民法旧規定（昭和22年の改正前の規定）（抄）（原文カタカナ）

第4編　親族
　第2章　戸主及び家族
732条　①戸主の親族にして其家に在るもの及び其配偶者は之を家族とす。
　　　　②戸主の変更ありたる場合に於ては旧戸主及び其家族は新戸主の家族とす。
733条　①子は父の家に入る。
　　　　②父の知れざる子は母の家に入る。
　　　　③父母共に知れざる子は一家を創立す。
735条　①家族の子にして嫡出に非ざる者は戸主の同意あるに非ざれば其家に入ることを得ず。
　　　　②嫡出に非ざる子が父の家に入ることを得ざるときは母の家に入る。母の家に入ることを得ざるときは一家を創立す。
736条　女戸主が入夫婚姻を為したるときは入夫は其家の戸主と為る。但当事者が婚姻の当時反対の意思を表示したるときは此限に非ず。
746条　戸主及び家族は其家の氏を称す。
　第3章　婚姻
765条　男は満17歳女は満15歳に至らざれば婚姻を為すことを得ず。
768条　姦通に因りて離婚又は刑の宣告を受けたる者は相姦者と婚姻を為すことを得ず。
788条　①妻は婚姻に因りて夫の家に入る。
　　　　②夫は妻をして同居を為さしむるを要す。
798条　①夫は婚姻より生ずる一切の費用を負担す。但妻が戸主たるときは妻之を負担す。

〈「家」の廃止によってできた条文はどんなもの？〉

　戦後の民法改正は，ともかく「家」制度の廃止が目的であったから，家族という集団を規定することも，「家」制度につながりかねないという心配から，新条文には徹底して「家」のみならず家族という言葉すら使われなかった。

　そこで旧法が親族編に「戸主及び家族」の章をおいていたのと異なり，改正現行法では親族編の最初は「総則」の名で親族関係の規定をおき，続いて婚姻（つまり夫婦関係），親子という章立てとなった（⇨総説編）。これは個人と個人の関係性としての規定であり，個人主義的構成といえよう。

　しかしそれでは日本の法律では家族をまったく団体性，集団性のないものとみなしているのであろうか。多くの日本人は，「家」制度，戸主制度がなくなったことを知っていても，家族を何らかのまとまりのあるものと考えている。一般に家族という単位を，夫婦と結婚前の子どもとの集団，つまりいわゆる核家族のことと思い，しかしときには祖父母等を含めて考えるのが通例である。

　民法に家族の規定がなく，旧来の「家」制度が否定されているにもかかわらず，国民が広く，同じように家族の範囲を想定する根拠はどこにあるのだろうか。その答えは実は戸籍制度に見出すことができる。

〈戸籍の制度にはどんな機能がある？〉

　明治民法は戸主のもとにある者が家族であり，これが戸籍に対応していた。したがって同一戸籍の中に何組かの夫婦が入っていることもあった。しかし現在は同一戸籍の中に二組の夫婦が入ることはない。未婚の間は両親の戸籍にあり，結婚すると新戸籍を編成することになる。夫婦と未婚の子を家族とする日本人の家族観は，まさに戸籍編成原理と合致するのである。

　戸籍はたしかに大家族から核家族へと変貌した日本人の家族観と合致し，あるいは戸籍がこうした法意識を創り上げる作用も果たしてきたといえるであろう。しかし戸籍を編成するのは法律上の要件を満たした婚姻届が受理されて，婚姻が成立したときである（⇨婚姻の成立）。

　婚姻届には夫と妻のどちらの氏を称するかを記載しなければならない（⇨資

料編「婚姻届」)。どちらでもよいことになっており，どちらに決めようと，当事者の自由である。表面的には自己決定の尊重にかなう理想的規定であるかのごとくに思われる。ところが自分の姓を夫婦の氏とした者が戸籍筆頭者になることから，圧倒的に夫の氏が夫婦の氏となるという現実がある。

　もっとも，結婚すると男性側の姓になるものという固定観念が社会に根強く，女性たち自身もそれを望んでいるから，夫の氏を称する婚姻が多いという見解もあるが，そうした価値観を形成する理由の一つに，戸籍筆頭者制度があるとも考えられる。公式見解では，筆頭者の記入はファイリングのための便宜的意味のみと説明されているが，筆頭の言葉がまさにかつての戸主のような，家の代表というイメージを形成しているからである。

　そこでこのような不都合を避けながら結婚するには，届出をしない，いわゆる事実婚を選ぶしか方法がないことになる。

新しい事実婚問題とは何か

〈まずは内縁とは何？〉

　事実婚というと，一般的には内縁のことと理解される。これは婚姻届を出してはいないが，婚姻の実態があるものをいい，わが国は内縁発生の余地ある制度のため，大正時代から法律学の伝統的テーマである。ところが近時これとは異なって，「なぜ届けを出さなければいけないのだろうか」と疑問に思い，あえて婚姻届を出さないカップルが出てきている。これが事実婚である。

　外形的には婚姻の実態がありながら届けの出ていないものであり，事実婚と内縁はこの限りでは違いはない。しかし婚姻届を出さない経緯と，当事者の婚姻届に対する意識が，両者は異なる。ただわが国の法律学界でもまだ両者を明

確に区別することはなされておらず，言葉も混同して使われている場合もある。そこでまずは内縁概念を整理しておこう。

　そもそもわが国の婚姻法制度は明治民法以来，婚姻届を出すことで婚姻が成立する届出主義をとってきた。しかし慣習的には，日本全土どの地域にも，その地方ならではの慣習的嫁入り，婿取りの儀式があり，これが代々伝えられ，現在でもなお引き続いて，あるいは名残りをみせていることは，人類学や法社会学の学問的調査結果のみならず，自分の，あるいは親の出身地を思い起こせば納得することである。

　そして国民の意識はどうかというと，明治民法施行の当初は挙式だけで立派な夫婦になる，届けが必要とは知らなかったという理由で届けを出さないことが圧倒的であったが，法律の普及活動と教育の徹底により，徐々に知らなかったという人の数は減少してはいった。

　しかし届出の必要性は知っていても，家風になじむまでは出さない，跡取りの子どもができるまでは出さない，などの理由で，出すに出せないものから，そのうち出すと思いつつ長く出さずにいたというもの，さらには挙式をあげてから出征した夫が戦死したので，もはや出せなくなったというものまで，地域に婚姻と認められ，婚姻生活の実態がありながら，婚姻届を出していない，したがって法律上は婚姻ではないというものは，決して少なくはなかった。現在でも同居生活の開始と婚姻届提出の日が合致することはむしろ珍しく，結婚記念日（つまり当事者にとって結婚が成立した日）にいたっては，結婚式の日と考える人が圧倒的である（私の講義を受講した学生に，結婚式と届出の日が違う場合，どちらを結婚記念日と考えるかという質問を，婚姻成立に関する法律を説明する前に行ったところ，ほぼ1,000人中約8割が，結婚式の日と答えている）。

　こうした現状から，婚姻を不当に破棄したり，一方的理由で中断させたりした場合，法律上の婚姻が成立していれば，配偶者としての責任をとらせることができても，婚姻ではないことで，それがなし得ないのでは，有責者の身勝手を許し，被害を受けた側があまりにも気の毒として，法はさまざまな方法で救済手段を講じてきた。最初は実態があって届出のない関係を婚姻予約とし，債

務不履行と損害賠償をさせ，そのうちこうした関係を内縁として，内縁保護の判決が多数出ることになり，また立法的にも内縁の夫の死後，内縁の妻の居住権を保護するための法改正も行われた。これが内縁問題で，いかに法律婚と同様に保護するかが課題であった。

〈新しい事実婚とはどんな現象？〉

　民法改正要綱（⇒資料編）の各項目の中で，社会的声援も受けて先頭を切っているのは夫婦別姓への要求であろう。結婚しても夫婦がそれぞれ生来の姓を使い続けることができるという道も，選択的に用意してほしいというのが，夫婦別氏選択制である。結婚によって姓を変えざるを得ないことで，職業生活や社会生活上不都合があるというのみならず，自らの一部でもある姓名を合理的根拠がなく，不本意ながら変えなければならないのは，精神的にアイデンティティーの喪失につながる，等が別氏を主張する根拠である。

　しかし現行法では，必ずどちらかの姓を夫婦の姓としなければならない。そこであくまでも別氏を望む場合には，婚姻届を出さずに，結婚生活を行うしかない。このように婚姻の実態は整っているが，届けを出さないことに積極的な理由があって出さない場合を，従来の内縁と区別する意味もこめ，新しい事実婚と称しておこう。

　別姓を望むための事実婚は，国家の婚姻法の要件や効果に反対するがゆえの法律婚の拒否であり，もし法改正が行われ別姓が可能となれば，婚姻届を出さない理由はなくなる。

　ところが人と人の結合というきわめて私的な事柄に，なぜ国家の規制を受ける必要があるのか，婚姻の本質は当事者双方の愛情が基本なので，法律が一定の枠内の結合だけを婚姻とし，それ以外は無効な結合とすることには納得できない，等の疑問が提示されるようになってきた。

　その結果，結婚式を挙げるなど周囲の人々には結婚であると認められ，当事者も愛情をもって相互に助け合う婚姻生活をしてはいるが，その事実を国に認めてもらう必要性はない，だから婚姻届は出さないという意識が芽生えてくる

ことになる。これがここでいう新しい事実婚である。

　以上のことから内縁と事実婚は，現象的には婚姻届を出さないが婚姻の実態のあるものとして，違いはないことになる。違いは当事者の内面に関わってくる。そこで，婚姻届を出さない理由という内面的な事柄によって，法的扱いを異にするのは問題であるとする見解も当然出ることになる。

　したがって新しい事実婚を従来の内縁と区別しようとすることは，法律の条文の意味を理解する（一般にこれを解釈学という）範囲を超え，婚姻とは何かを根本から考えなおしてみる作業になる。

〈新しい事実婚を認めるとは何をすることか〉

　さまざまな人の結合の中で，どこまでを国家（＝法律）が認める婚姻とするかという問題は，それぞれの国の法政策に関わることである。ほとんどの国家は独自の婚姻障害事由（⇨32頁）を規定している。重婚を認めない国が圧倒的ではあるが，慣習上，宗教上その他の理由で一夫多妻制度をとる国もあることからわかるように，何を合法的婚姻とするかは，それぞれの国の理念や価値観にもとづき，しかも政策的配慮によって決定されるものである。

　1990年代からのテーマの一つにホモセクシュアル・マリッジ（男性と男性，女性と女性の間の結婚）があった。とくにアメリカでは違憲訴訟を起こすにいたり，大きな論争となっている。異性間婚姻のみを合法的婚姻と州法（アメリカは州によって法律が異なる）が定めることは，法の下の平等をうたった憲法に違反するというのがその根拠である。

　すなわち愛情のみにもとづいて結びつき，国家規制を受けたくないというきわめて私的な個人の思いは，その関係性を法がどのように把握し，対処するかという，立法政策と深く関わっているということである。

　それでは国家が認める（成立要件を満たす）場合と，そうでない場合とでどこに違いが出てくるであろうか。従来の内縁保護の際は，死別や別居などで婚姻の実態が終了したときに，相続や財産分与に準じた救済が行われるかどうかが問題であった。

しかしアメリカで同性間の婚姻を合法としたことや，フランスが新たに創った事実婚に法的正当性を与える法律（PACS法）は，関係の終了のときだけではなく，事実婚という関係そのものを，社会的に認知させるという動きの中でできたものである。もちろん財産関係の効果が大きいが，それだけではない。
　たとえば事実婚の妻が出産したら，事実婚の夫は育児休暇をとることができるとか，バケーションの休暇を事実婚の相手方の都合に合わせて一緒にとるように主張することが認められるとか，相手方の親族に不幸があったら忌引休暇をとることができる等々，ごく日常的な生活の中で，共同で暮らしているパートナーとして社会が認め合うという要望である。標語的に自己決定権の尊重とか，多様な生き方の尊重などといわれることである。

〈家族の法の範囲は広い〉

　事実婚をすべて法的婚姻と同じように扱えば，問題は解消するだろうか。そうなると法的婚姻はいらなくなるのだろうか。いったい制度としての婚姻の存在根拠は何であろうか。実は事実婚を考えることは婚姻制度を考えることであり，ひいては家族とは何かを考えることである。
　家族法は狭義では民法第4編，5編を指すが，戸籍法や家事審判法等の関連諸法も含むことは，本書に説明したように明らかなところである。しかしさらに婚姻や家族とは何かを考えるとき，わが国の家族法だけではなく，諸外国の事情を調べる必要がある。これが比較法的手法である。
　さらに社会の実態や動向，あるいは国民の価値観などを知るには，法律だけでは解決しない。社会学や人類学などの見識も必要となる。本書のタイトルを「家族の法」としたのは，民法第4編，第5編の解釈だけではなく，広い視野から家族を考える道具となるように，という願いを込めたものである。

COLUMN
＊**手にしよう，目にしよう，貴重な資料！**
　　　（大学図書館，公立図書館等で借りることができるものを中心に）

●家族研究を一連の流れの中で位置づけると
　1937－38　『家族制度全集』史論篇5巻，法律篇5巻（穂積重遠・中川善之助責任編集）河出書房
　1957－61　『家族問題と家族法』全7巻（中川善之助・青山道夫・玉城肇・福島正夫・兼子一・川島武宜責任編集）酒井書店
　1973－74　『講座家族』全8巻（青山道夫・竹田旦・有地亨・江守五夫・松原治郎編）弘文堂
　1975－76　『家族　政策と法』全7巻（福島正夫編）東京大学出版会
　1976　　　『日本婦人問題資料集成　第5巻　家族制度』（湯沢雍彦編集・解説）ドメス出版

●政策としての「家」制度と婚姻という制度の理解には
　川島武宜・1957『イデオロギーとしての家族制度』（岩波書店）
　江守五夫・1980「近代市民社会の婚姻と法」『家族史研究』第1集（大月書店）
　利谷信義・1987『家族と国家──家族を動かす法・政策・思想』（筑摩書房）
　井戸田博史・1992『家族の法と歴史』（世界思想社）

●内縁と事実婚の理解には
　まずは伝統的内縁については
　　太田武男・1965『内縁の研究』（有斐閣）
　　川井健・1980「内縁保護」（『現代家族法体系2』有斐閣）
　新しい事実婚をも含めて
　　太田武男・溜池良夫編・1986『事実婚の比較法的研究』（有斐閣）
　　二宮周平・1990『事実婚の現代的課題』（日本評論社）

I 総　　説

> **THEME**
>
> ## 民法と家族法
>
> 1　明治民法と「家」制度──「家」制度とは何か
> 2　新民法の形成と理念──現行法理念の確認

1　明治民法と「家」制度

(1)　戸主の権利と家督相続

　現行法は昭和22年の民法改正によって施行されたもので，その基にあったのは明治29年公布（31年施行）の明治民法である。明治民法では「家」の財産は「戸主」の所有で，戸主が死亡し，または隠居した場合，その財産は家督相続人（原則として長男）に一括して承継された。また戸主は「家」の者の婚姻に対する同意権を持ち，戸主の同意なしには婚姻はできなかった。さらに「家」の機関として「親族会」が置かれていた。

(2)　「家」の機能

　戸主は権利だけではなく義務も負っていた。「家」に属する者の扶養は戸主の義務であった。病人，高齢者，障害者など自活が困難な人の扶養は，戸主の責任で「家」の内部でなされていた。また「家」制度の下での婚姻は，「家」と「家」との問題で，一方がそれまで属していた「家」を出て，他方の「家」に入ることであった。多くの場合，女性が男性の「家」に入ることになっていたが，その場合，夫が死亡しても，女性が婚家にとどまっているかぎり，夫の「家」の戸主の支配に服するものとされていた。

このように，戸主が「家」に属する者を支配・統制するシステムが，「家」制度である。物理的建造物としての家をのみ指すものではないことから，このシステムを「いえ」と称したり，カタカナ書きで「イエ」制度と書いたりもされている。

その後大正8年から臨時法制審議会が設置されて民法改正の検討が行われたが，実際に大きく改正されたのは，第二次大戦後の大改正を待たねばならなかった。

RESEARCH in DEPTH！
▶明治民法よりも前に「旧民法」といわれるものがあった。しかしそれはわが国の実情に合わないという理由で実施されなかった。その議論を『法典論争』という。いきさつを調べてみよう。
▶「家」制度の影響を受けた家族観は現代社会で完全になくなっているであろうか。残存しているとすれば，どんな点だろうか。

2 新民法の形成と理念
(1) 戦後の親族相続法大改正

第二次大戦終了後，新憲法が制定され（昭和22年5月3日施行），男女平等，個人の尊厳が定められた。この新憲法理念に沿って民法を改正する必要にせまられ，昭和22年12月22日「民法の一部を改正する法律」が公布された（昭和23年1月1日施行）。

これが現行民法第4編，第5編である。改正民法の最大の特色は，「家」制度を廃止し，夫婦は平等，父母は平等，子はみな平等としたことである。したがって妻の無能力制度も廃止された。

(2) 昭和50年代までの改正

民法改正当初は，日本の社会はまだ大家族が多かったが，その後，都市化，核家族化などの社会状況の変化にともない，民法条文の見直しが検討されるようになった。昭和34年に「法制審議会身分法小委員会における仮決定及び留保

事項」が公表された。その多くは改正にまではいたらなかったが、とくに緊急に改正する必要がある代諾離縁（815条）と、後見人の解任（845条）について、昭和37年に一部改正された。

当時世界の動きも、国際婦人年（1975からの10年間）を契機に、女子差別撤廃条約が採択され（1979年）、日本もこれを批准（1985年）したことから、労働法の改正も行われた。

このような変化を背景に、民法も一部改正され、昭和51年に離婚復氏（767条2項）について例外規定を設け、昭和55年に配偶者相続分（900条）を改正し、さらに昭和62年に特別養子制度を新設した。

(3) 新たな見直しの動き

親族相続編には新しい理念が導入されたが、民法第1編から第3編までの財産編は明治民法制定から100余年を経ていることから、再検討の必要性が問われるようになった。その一つが能力制度である。これまでは個人の財産を保護することを旨として、能力を剥奪することで個人を保護する禁治産・準禁治産制度を設けていたが、平成11年12月（1999年）にこれを廃止し、個人の自己決定を重視した「成年後見制度」が新設された。

能力制度は民法総則の分野ではあるが、後見制度は親族法の範囲であり、また少子高齢社会の課題は、介護・扶養・相続など、どれをとっても親族・相続法と関連することから、成年後見制度との関わりが大きい。

❖ **関連条文**

憲法24条1項，2項

> RESEARCH in DEPTH!
>
> ▶新民法の理念が具体的に表現されている条文を探し出し、明治民法と比較しよう。
> ▶成年後見法改正にともなって親族・相続法がどのように変わったか、抽出してみよう。

> **THEME**
>
> 家族法の特質
>
> 1 身分行為としての特性──財産行為との違いは何か
> 2 家事事件と家庭裁判所──家庭内紛争の特殊性と家裁の機能

1 「身分行為」としての特性
(1) 身分とは何か

かつて親族相続法は，身分法と称された。現在は，家族の問題を扱う法域として，家族法と称することが一般的だが，財産行為との比較をする上で「身分」概念はなお意味を持つ。

「身分権」とは，人と人との一定の関係にもとづいて発生する権利義務である。婚姻が成立すれば，夫として，妻としての権利義務が発生する。子どもが誕生すると，親としての権利義務が発生する。親子になる契約をしていないから親としての義務を果たさないというわけにはいかない。夫としての権利義務を他人に代わってもらうというわけにもいかない。さらに，親だから子に対して何をしてもよいというわけにもいかない。

つまり身分権とは，一定の身分関係性にもとづいて発生する権利義務であり，一身専属的であり，譲渡することも放棄することもできず，また権利の濫用は禁止されるという性格を持つことになる。

こうした身分関係を発生させる行為が身分行為であり，婚姻，離婚，養子縁組などである。身分行為は様式行為である。ただし届出のない実態（事実婚など）も保護を必要とする場合もあることは，婚姻制度の根幹に関わる重要問題である（⇨はじめに）。

(2) 身分行為の能力と本人意思の尊重

財産行為を行うには法律的行為能力を必要とする。しかし婚姻をするのに婚姻の意味を理解し，本人に婚姻の意思がある限り，行為能力がないから婚姻を

成し得ないとすることはできない。このように身分行為は，財産上の行為能力がなくとも意思能力がある限り，単独でなし得る。

　未成年者については能力補充が図られ（親の婚姻同意権⇨33頁），15歳未満については法定代理人が代理することになっている。また意思能力が減退した成年については，新成年後見制度の補助制度により，能力が補充されて法律行為を行うことが可能となった。

　しかしあくまでも本人の意思が尊重されることが重要であり，第三者保護のため，あるいは家族の利益のために本人の意思が制限されてはならない。その際の意思は単に戸籍の届出をする意思では足りず，実質的に身分行為を形成しようとする意思である。

　法定代理人の代理による意思表示が法定されている（たとえば797条）ことから，原則として代理による意思表示は認められないが，障害により意思の表示の困難な人の意思を代わって表明することは，意思表示の代理ではなく，むしろ積極的に認められるべきである。

(3) 民法総則と身分行為

　一般的に総則規定は民法全体の総則と考えられる（とくに公序良俗；90条や権利濫用；1条など）。しかし身分行為は取引の安全よりも本人の意思が尊重されるべきであり，意思表示に関する総則規定（93−96条）は適用されない。また，現実に発生した生活の実態を取り消すことは不可能である（すでに産まれた子どもを生まれなかったことにすることはできない）から，身分行為の取消は原則として遡及しない。

> RESEARCH in DEPTH！
> ▶身分行為は新しい関係を作り出す行為，すでにある関係を解消する行為，他人との間に支配的関係をつくる行為，関係性が代わることでそれに付随してなされる行為などに分けられる。親族・相続法上の行為を，それぞれどのような意味があるか分類してみよう。
> ▶障害者の意思表示が阻害されている場面を探してみよう（⇨手話による遺言作成についての法改正（相続法編）参照）。

▶総則の例外として身分行為について特別の規定が置かれている部分を抜き出してみよう。「民法総則は財産法のみの総則である」とする学説と，結果的にどれだけの違いがあるか，調べよう。
▶身分行為を厳格に要式行為とした場合，どのような問題が生ずるか検討しよう。

2 家事事件と家庭裁判所
(1) 家事事件の特性と調停
　家庭内の事件は，財産上の争いとは本質的に異なる。当事者間の話し合いで解決することもある。この話し合いが「調停」である。調停は家事審判官（裁判官）と2人以上の調停委員により組織される調停委員会によって行われる（家事審判法3条2項，2条21項）。家事事件のほとんどの場合（乙類事項）に，裁判所に訴訟を起こす前に調停の申立てをしなければならず，これを調停前置主義という。

(2) 審　　　判
　調停が成立しないとき，乙類事件の場合は審判に移行する。審判では法律の規定に則り，職権で決定する。そのほか甲類事件の決定を行う。とくに禁治産制度に代わって立法化された法定後見制度は，家庭裁判所での後見監督人の選任が後見開始となることから，家裁の決定の機能がより大きくなる。
　審判は公開の法廷における対審構造をとらない。そのことから違憲（憲法82条，32条）の疑いがあるが，判例上，権利義務の確定ではないから違憲ではないとされている。
　特殊な家事審判として，合意に相当する審判と，調停に代わる審判がある。

(3) 人 事 訴 訟
　人事訴訟事件の調停が不調に終わり，合意に相当する審判も調停に代わる審判も失効した場合，さらに争うには人事訴訟手続法に従い，通常裁判所に訴訟を起こすことになる。人事訴訟は職権探知主義により，その判決は第三者に対しても効力を持つ。

I 総　説　21

図1　家事事件新受件数の推移

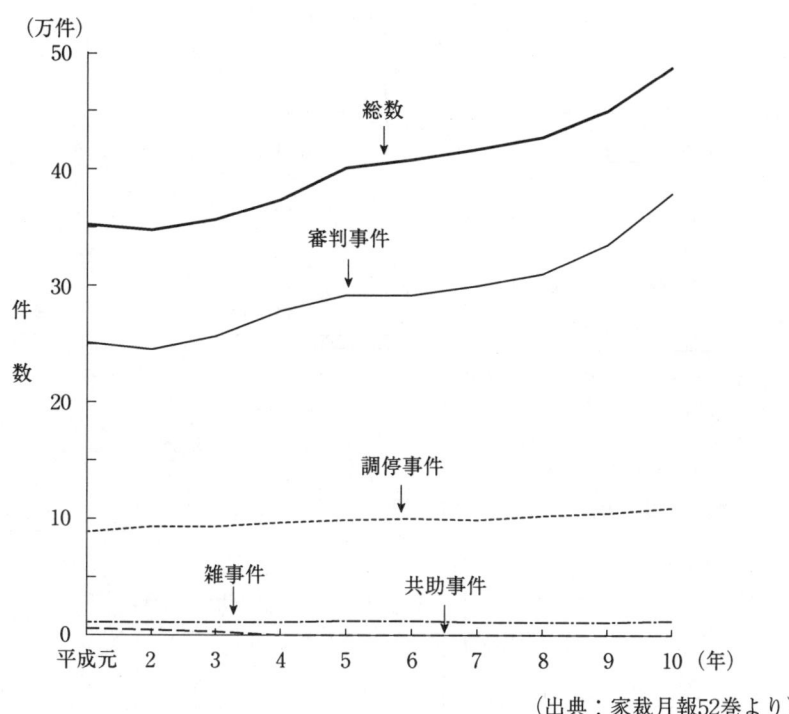

（出典：家裁月報52巻より）

✥ 関連条文

　家事審判法（3条，9条1項，14条，21条，22条）
　人事訴訟手続法（14条，18条，26条，31条，32条）

RESEARCH in DEPTH！

▶甲類事件と乙類事件を比較し，違いはどこにあるか確認しよう。
▶家庭裁判所における一連の事件の流れを確認しよう（⇨図2）。

図2　家裁事件処理手続の略図

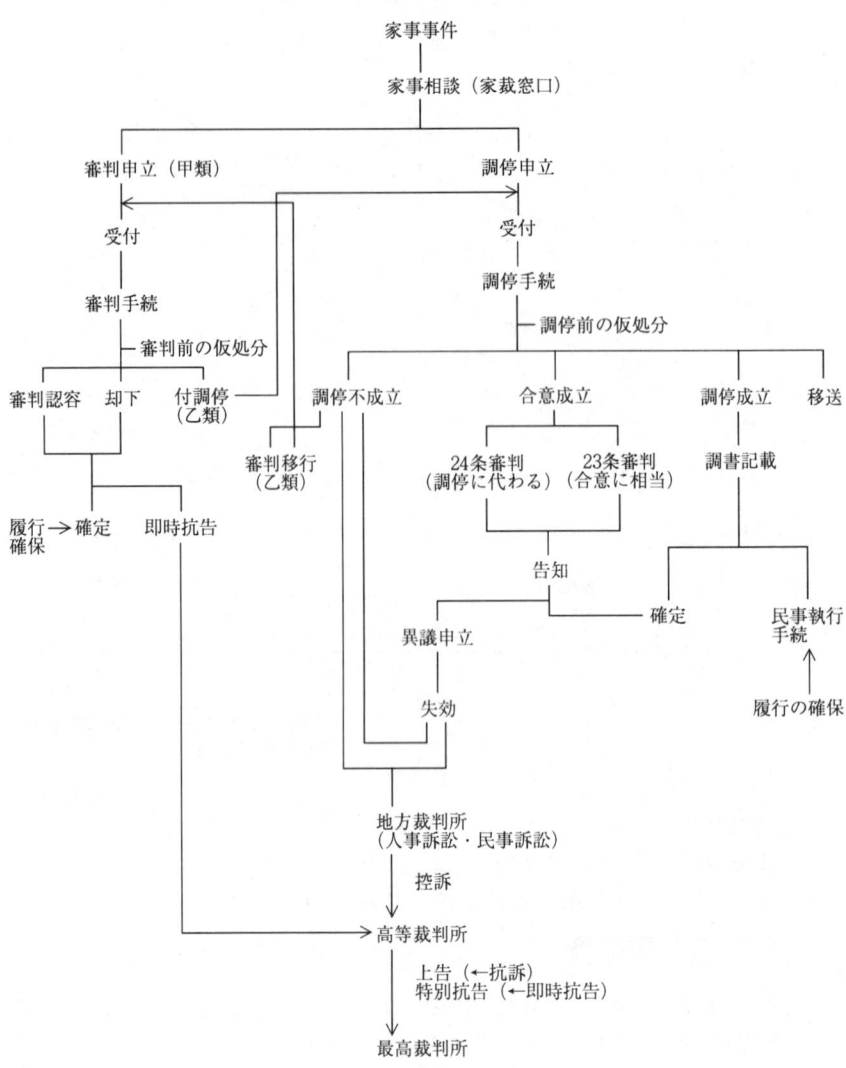

（奥山作図）

> **THEME**
>
> ## 親　族
>
> 1　親族の種類——親族の種類と範囲は？
> 2　親族関係の変動と効果——親族になる・親族でなくなるとは？

1　親族の種類

(1)　親族規定の方法

一般社会では親戚，親類などの用語が使われているが，法律上は六親等内の血族，配偶者，三親等内の姻族を一括して「親族」とし，一定の法効果を与えている。これと異なり，個々の具体的事柄に即して親族の範囲を限定する方法があり，諸外国では後者の様式をとるほうが多い。

わが国でも一括方式への批判があり，昭和34年の「仮決定及び留保事項」でも削除が提案されている。ただしわが国でも個別の事項について親族範囲を定める条項もあり（たとえば扶養義務，相続権，近親婚など），正確には折衷主義である。

(2)　親族の種類と範囲

わが国の民法は血族，姻族，配偶者を親族とする。

〈**血族**〉　血族とは血統の関わりのある者相互の関係である。親子，兄弟姉妹，祖父母と孫，おじおばと甥姪，いとこ間などのように，自然の血のつながりがあるもの（自然血族）の他に，法律上血縁があるものと擬制される養子と養親，養子と養親の父母兄弟姉妹の関係（法定血族・準血族）がある。

日本民法は六親等内の血族を親族とする。父方，母方の区別も，嫡出，非嫡出の区別もない。

〈**姻族**〉　配偶者の一方と他方の血族の関係を姻族という。配偶者のおじおば，甥姪など三親等までの姻族は親族となる。ただし夫の兄弟と妻の兄弟のように，夫婦の一方の血族と他方の血族は姻族ではない。

〈配偶者〉　夫婦の一方を他方に対して配偶者という。日本民法は配偶者も親族に加えているが，このような立法例は少ない。配偶者は親族とは別と考えるべきであり，立法改正措置が望まれる。

(3) 親　　　等

親族関係の遠近度を示すのが親等である。その数え方の前に，直系・傍系，尊属・卑属を確認しておく必要がある。

〈直系・傍系〉　血統がまっすぐに上下する関係が直系，異なる親系の者とは傍系の関係となる。血族，姻族どちらにも当てはまる。たとえば実子と養子は兄弟姉妹であるから傍系血族，夫からみた妻の兄弟姉妹は傍系姻族である。

〈尊属・卑属〉　血統の連絡系が自分の世代よりも上（先）の場合が尊属，下（後）の場合が卑属である。

兄弟姉妹など自分と同列のものは尊属でも卑属でもない。尊属卑属を区別する実益が，婚姻の禁止（736条），養子縁組の禁止（793条），相続順位（887条）についてだけである。また尊属卑属の用語は差別的意味合いを持つので，この区別をするのであれば「先の世代」「後の世代」のようにすべきである。

〈親等計算〉　直系の場合は世代の数，傍系の場合は共同の祖先までさかのぼり，そこから下る世代数による。姻族の場合は配偶者について同様に行う。かつては男系のみを重くみて，夫の父母は三親等（三親等の親），妻の父母は五親等などとする立法例も存在したが，現在ではこのような制度をとる国はない。配偶者間に親等はない。

RESEARCH in DEPTH!

▶一般的に親族範囲を定めることにはどんな不都合があるかを考えよう。
▶尊属殺（刑法200条）規定は削除された。その理由は何であったか調べよう。
▶いとこ同士（四親等）が結婚した場合，親等はどうなるであろうか。

図3 親族の範囲

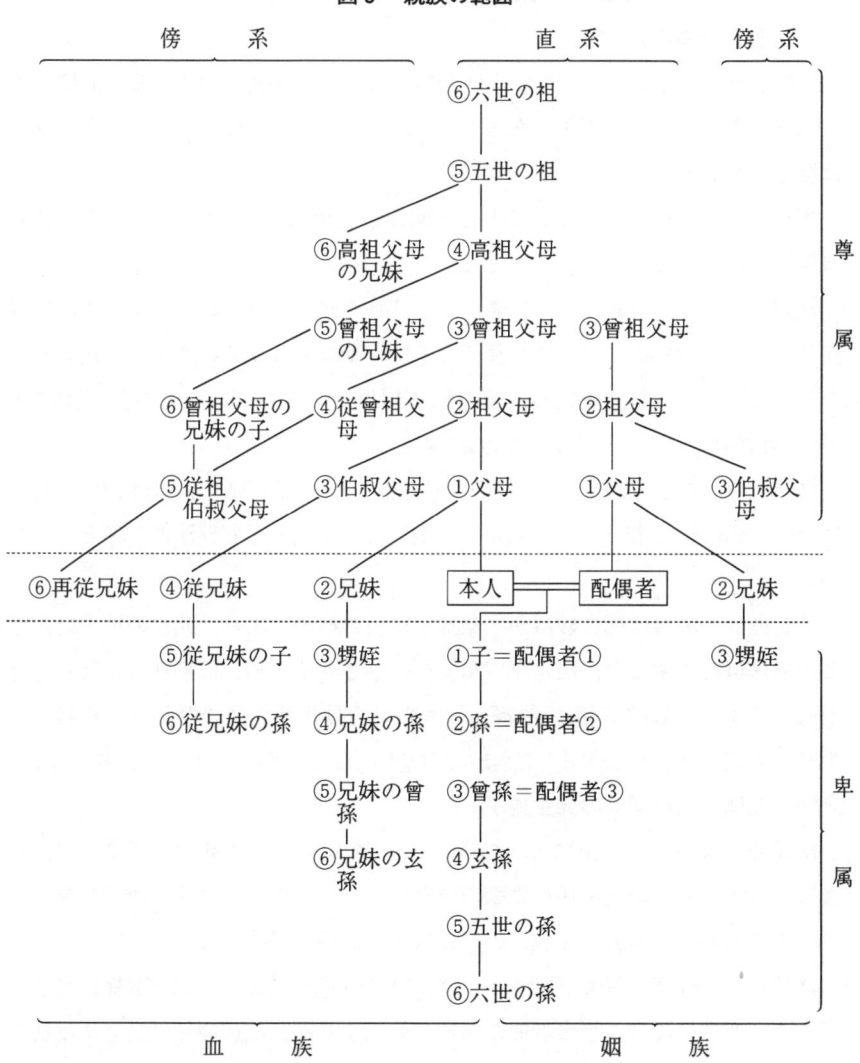

1. 数字は親等を示し，すべて本人から見た場合である。
2. 兄妹は兄弟姉妹の略である。
3. 兄妹・甥姪・伯叔父母の配偶者は，それぞれ二親等・三親等・三親等の姻族である。
4. 伯叔の区別は，父母・祖父母より年齢の上のものが伯，下のものが叔である。

2　親族関係の変動と効果
(1)　血族関係の発生終了
　自然血族，法定血族とも生物学的分類ではなく，法的分類である。非嫡出子の場合，たとえ真実の親子であろうと，認知がないかぎり父子の法的血族関係は発生しない。

　嫡出子の場合は，当然に親子の血族関係が発生する（772条）。戸籍の記載の有無によるものではない。

　法定血族は養子縁組によって発生する。したがって縁組以前の関係には影響が及ばない。縁組後に生まれた養子の子は，養親およびその血族と法定血族となる。養子の実父母と養親との間にも親族関係は発生しない（養子縁組前の養子の子の相続権について，887条2項但書参照）。

　自然血族の終了原因は死亡のみ（失踪宣告；31条，認定死亡；戸籍法89条は死亡に含む）である。「親子の縁を切る」，「勘当」，「絶交」などは法的意味をもたない。

　法定血族の場合は死亡のほか，離縁と縁組の取消がある。死亡の場合は死者との関係は終了するが，法定血族関係を終了させるためには家庭裁判所の許可が必要である（811条6項）。離縁，取消の場合は当事者間の関係も，縁組後に生じた血族関係も終了する（729条）。取消の効力は遡及しない（748条1項）。

(2)　配偶・姻族関係の発生終了
　配偶関係は婚姻の届出によって成立し（739条），一方の死亡，離婚，取消によって終了する。姻族関係も婚姻の成立により，当然発生する。ただし配偶者の一方の血族と，他方の血族との間には親族関係は発生しない。

　離婚（728条1項）および取消（743条，748条1項）によって姻族関係は当然終了する。死亡の場合，当事者間の婚姻は終了するが，姻族関係は当然には終了せず，生存配偶者の意思表示と届出による（姻族関係終了届；728条2項，戸96条）。この意思表示は復氏（751条）とは関係ない。

　なお婚姻取消後に，取消前の配偶者の直系尊属と婚姻することができるかについては問題がある。離婚の場合は禁止されているが（735条，728条），取消の

場合は明文規定がない。できると解すべきであろう。

(3) 親族関係の効果

　民法は一定の親族には一定の効果を規定している。相続権（887～890条），近親婚等の禁止（734～736条），尊属養子の禁止（793条），遺言の証人・立会人の制限（974条）などである。しかしとりわけ問題が大きいのが扶け合う義務（730条）と扶養義務（877条）である。

　現行法は「直系血族及び同居の親族は互いに扶け合わなければならない」と規定したが，「同居の親族」も「扶け合う」もあいまいな概念で，親族一般について規定することは問題である。現行法では削除論が圧倒的である。昭和34年の「仮決定・留保事項」でも削除の仮決定をしている。

　なお民法以外にも親族関係の効果はある。刑法上の尊属殺規定は廃止された（平成7年）が，一定の親族関係にあるものを親告罪としたり，刑の減免・加重とする規定は多い。また一定の親族が訴訟当事者である場合には，裁判官の職務執行の制限規定が置かれ，あるいは証人として拒絶権が認められる場合もある。

RESEARCH in DEPTH !

▶先妻の子と後妻，後父と先父の子の関係はどうなるか。また旧法にあった嫡母庶子関係とはどんなものであったか，調べてみよう。

▶養子と養親の血族との間に血族関係を発生させ，また縁組前の養子の血族には関係が生じないとする根拠は何か。近代的養子制度のあり方と関わらせて考えてみよう。

▶姻族関係の終了の意思表示はなぜ生存配偶者にのみ認められ，死亡配偶者の血族側には認められないのであろうか。その是非を論じよう。

▶730条の立法経緯はどのようなものであったか，明治民法以来のいきさつを調べてみよう。

COLUMN

遺族とはだれのこと？　——臓器移植に同意するのは遺族

　脳死は臓器移植と関係して法律上の問題にのぼってきた。臓器移植は社会的に待ち望む人の多い，期待される医療行為である。しかし，特に心臓移植は，完全に死亡してからでは移植の意味がないので，心臓が動いているうちに死の時点を確定しなければならない。まさに二律背反の重大な決定となる。

　そこで「臓器移植に関する法律」（平成9年）は，脳死判定のために，厳密な医学上の基準を満たすことと，死亡した本人の提供の意思，さらに遺族が移植を拒まないことを要件とした（同法6条）。

　しかし法律上遺族とは誰か，という規定はない。文言上では「遺された家族または親族」と解釈できる。しかし「家族」はあいまいであり，「親族」では広すぎ，常識的には配偶者，親・子・兄弟を中心に，生活実態等から適宜拡大もされよう。しかし厳格な扱いが要請される脳死に，あいまい概念「遺族」が用いられているところに，「家族」の問題性が見え隠れしている。ちなみに「遺族年金」は相続財産とは別に，「共同生活者」に受給権があると考えられる。

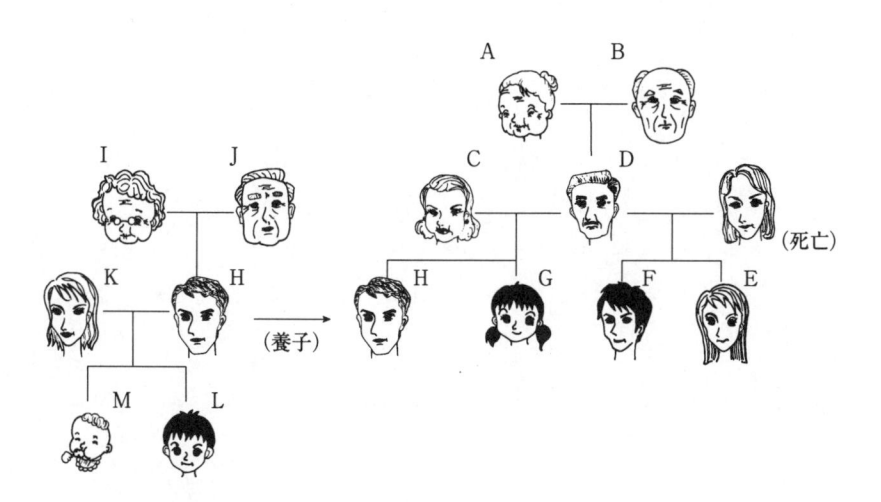

人間関係略歴

※ Dは妻（ 　　）死亡後、Cと再婚。

※ IJの子Hは、Kと結婚し、Lが生まれた後CDの養子となる。CDとHの養子縁組後、K・H間にMが生まれた。

※ CDとH間養子縁組成立後、CDの子Gが生まれる。

法律関係

① CとF，Eは、養子縁組をすれば一親等の法定血族。
② H・Kの子Mは、CDとH間の養子縁組の後の子だから、C・DはMの祖父母（二親等の法定血族）、A・BはMの曾祖父母（三親等の法定血族）となる。Lは、CD、ABと親族関係はない。
③ HとGは兄弟（二親等の法定血族）となる。
④ GとF・Eを半血の兄弟姉妹ともいう。
⑤ Hの実父母I・Jと養父母CD間の親族は関係ない。
⑥ Lに、Hを代襲してCDを相続する権利はない（⇒相続法編　代襲相続）。

Ⅱ 婚　　　姻

> **THEME**
>
> ### 婚姻の成立
>
> 1　婚姻制度
> 2　婚姻成立の実質的要件——婚姻障害事由
> 3　形式的要件——届出の方式
> 4　無効取消——どんな場合に？　財産法上との違いは？

1　婚姻制度

　婚姻をどのようなものとみなすかは，それぞれの立法政策による（⇨はじめに）。わが国でもかつては家の承継のために，法定の妾制度（庶子につき旧728条参照）が認知されていた。また家の承継が家制度の眼目であったことから，入夫婚姻（旧788条）や婿養子（旧744条）などの婚姻形態も存在していた。
　現在では多くの国で，一男一女の性的関係を中心とする愛情にもとづく永続的生活関係を婚姻の基本とする法制度がとられている。
　外見上は夫婦と同じように見えても，婚姻届を出していないものは法律上の婚姻ではない。また，近ごろ国家制度の認める婚姻以外の結合を持つ夫婦の問題もある。いわゆる「事実婚」である。さらにまた現在の法律では認められない関係，たとえば男性どうし，女性どうしの結婚も，本人が望むのであれば自由ではないかという問題が生じている（⇨はじめに）。しかし法律が関わるのは多くはその関係が終了した場合である。
　そもそも婚姻を成立させる様式を大別すると，法律上の一定要件を満たすこ

とで成立する方式（法律婚主義）と慣習上認められた儀式を行うことで成立する方式とがある。

法律婚主義には，わが国が採用する市町村等の行政機関への届出によるもののほか，キリスト教諸国のように宗教的儀式によって成立した後に，当事者の出頭もしくは司祭の登録行為により国家の登録にとり込まれるものもある。

他方，慣習上の儀式のみをもって婚姻が有効に成立するものが事実婚主義であり，これも婚姻を有効に成立させる方式の一つである。

ところが，国家法上，法律婚主義をとるなかで，一定様式をふむ成立行為をせず，当事者が婚姻の意思をもって共同生活を始めることを事実婚と称することが一般化しており，事実婚をよしとする考え方を事実婚主義と称してもいる。この用例でいう事実婚主義は，法律婚主義と対応する概念ではないことに注意が必要である（⇨はじめに）。

2　婚姻成立の実質的要件

わが国の法律上婚姻が有効に成立するための実質的要件は，①当事者間の意思の合致，②民法が婚姻を成立させてはならないと定めている婚姻障害事由に抵触しない，の二点である。

(1)　双方に婚姻の意思があることが婚姻の本質である。したがって勝手に婚姻届が提出されたり，詐欺脅迫によって婚姻をせまり，届けを出しても無効である。

(2)　婚姻障害としては，以下のものが法定されている。

①　男は満18歳，女は16歳にならなければ婚姻できない（婚姻適齢；731条）。

②　配偶者のある者は重ねて婚姻することができない（重婚禁止；732条）。

③　女は前婚の解消または取消の日から6カ月を経過した後でなければ再婚することができない（待婚期間または再婚禁止期間；733条1項）。なお前婚の解消または取消の前から懐胎していた場合は適用はない（同2項）。

④　直系血族間または三親等内の傍系血族間。直系姻族間。養子，その配偶者，直系卑属またはその配偶者と養親またはその直系尊属との間では親族関係

図4

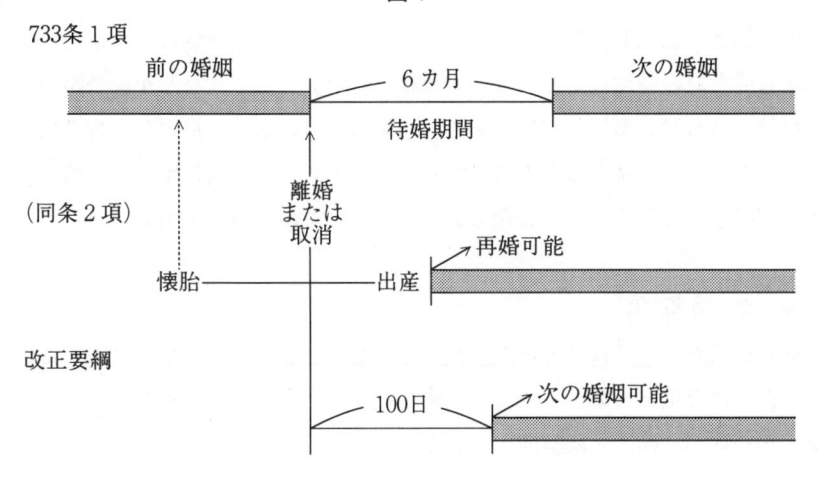

```
733条1項
　　　　前の婚姻　　　　　6カ月　　　　次の婚姻
　　　　　　　　　　　　待婚期間

（同条2項）
　　　　　　　　　離婚
　　　　　　　　　または
　　　　　　　　　取消
　　　　　　　　　　　　　　再婚可能
　　　　　懐胎　　　　出産

改正要綱
　　　　　　　　　　　　　　　次の婚姻可能
　　　　　　　　　　　100日
```

終了後も婚姻することができない。特別養子による親族関係の終了後も含まれる（近親婚禁止；734〜736条）。かつて姻族であったものとの婚姻も許されていない（たとえば離婚や，配偶者死亡後生存配偶者の姻族関係終了の意思表示による姻族関係終了後も，さらには特別養子と実方姻族との関係終了後も）。

⑤　未成年者が婚姻をするには父母の同意を得なければならない（737条1項）。父母の一方が同意しないとき，知れないとき，死亡したとき，意思表示ができないときは他方の同意で足りる（同2項）。

⑥　後見開始の審判（平成11年の改正による）を受けた成年被後見人が婚姻をするにはその成年後見人の同意は要しない（738条）。

3　形式的要件

形式的成立要件は法定の方式に則って届出をすることである。わが国では「届け出ることによってその効力を生ずる」（739条）と規定しているが，届出は婚姻意思の表示とみなされ，受理されることで成立すると解されている。

届出は当事者と成年の証人2人以上が，口頭または署名した書面で行う。実際には書面による場合が多く，その場合は他人に委託しても，郵送でもよいと

されている。こうして提出された婚姻届書類は，戸籍事務担当者により障害事由の有無と，記載漏れ等の形式的審査が行われた上で受理される。担当者には当事者の意思の確認などの実質的審査権はない。このようなわが国の婚姻届制度は世界にも稀な簡便な制度である。当事者双方の意思を重視し，容易に婚姻しうるという利点はあるものの，しかし他方でのちのち無効婚，仮装婚，偽装婚などの余地を残すという問題もある（参照：不受理申出。資料編134頁）。

4 無効取消

婚姻生活が開始すれば生活実態が生じ，取り消したとしても事実は残る。生まれた子供を生まれなかったことにすることも，もちろんできない。そこで婚姻の無効取消には，財産契約とは異なる原則がおかれている。

(1) 無効

① 無効の原因は，「人違いその他の事由によって当事者に婚姻をする意思がないとき」(742条1号) と，「当事者が婚姻の届出をしないとき」である。どちらも当然のことであるが，婚姻意思に関して判例に表れたものでは，届出当時心神喪失であったもの（有効），届出することの意思の合致はあるが婚姻生活をする意思のないもの（無効），他方に無断で届け出たが，後に他方が追認したもの（当初から有効）などがある。

本条で意味が大きいのは但書に，739条2項に規定する届出方式の条件を欠くものであっても，効力を妨げられないとあること，つまり様式不備の婚姻届でも，受理されてしまえば婚姻は成立するという点である。

② 無効は，裁判を待たなくとも意思がないのであるから当然無効だが（無効判決で無効となるとする説もある），手続上は審判さらには訴訟により確定され（⇒図2，22頁），確定したら戸籍の訂正をすることになる（戸籍法116条）。婚姻がはじめからなかったとは，生まれた子どもは嫡出子ではなく，手続中に一方が死亡しても他方には相続権もないということを意味する。

(2) 取消

① 取消原因は744条から747条までに規定されたところに限定される。つま

り婚姻障害のうち婚姻適齢，重婚，再婚禁止期間，近親婚に抵触するもの（744条1項）と，詐欺脅迫によるもの（747条1項）のみである。

② 取消権者は各原因により異なる。婚姻障害違反の場合は，当事者，その親族のほか検察官も加わる。検察官は公益の代表としての参加であるが，当事者死亡後は取消権はない。さらに関係者として，重婚の場合の前婚配偶者，再婚禁止違反の場合の前配偶者も取消権をもつ。これに反し詐欺脅迫の場合は被害当事者にのみ取消権があり，しかも被害を受けあるいはそれを発見したときから3カ月過ぎるか，これを追認したときには，もはや取り消すことができない（747条2項）。

③ 取消の効果は総則の一般原則（121条）とは異なる。遡及効はなく（748条1項），将来に向かって解消する点は，あたかも離婚と同様である。そこで婚姻取消の効果の多くは離婚が準用（749条）されている。子どもも嫡出子のままである。ただし財産の処理は離婚よりもむしろ財産法一般原則に近く，婚姻によって得た財産は，当事者が取消原因を知らなかった場合は現存利益の範囲で返還義務を負うが（748条2項），知っていた場合は全部を返還し，さらに相手方が善意であるときは損害賠償義務を負う（748条3項）。

COLUMN

再婚禁止期間は必要か！

再婚禁止期間の規定は，女性についてだけ適用される。この規定の趣旨は，772条の嫡出推定との関係で，生まれてくる子が前婚の夫の子か，後婚の夫の子かをはっきりさせることにある。

しかし嫡出推定との関係ならば，6カ月も待婚期間をおく必要がなく，100日で足りるし，またたとえ法律が再婚を禁止しても，実際には後婚が開始して，子どもが生まれることもあり，いずれにしても，法律で規定する意味はないとして，この条文の廃止論が有力である。

法制審議会の「民法の一部を改正する法律案要綱」（平成8年）では，100日で足りるとする立場をとって，「女は，前婚の解消又は取消の日から起算して百日を経過した後でなければ，再婚をすることができないものとする」（要綱第一の二，1，⇨資料編）とした（⇨図4）。

この要綱に対しても賛否両論あるが，さらに，女性にだけ待婚期間をおくことは違憲であるとして訴訟が提起されたが，判例は合憲としている（最判平成7・12・5判時1763号81頁）。

父母の同意はなぜ必要か！
　未成年者の婚姻に父母の同意を必要とした根拠は，社会経験にとぼしい，未熟な未成年者は，婚姻についても十分に判断できるとは限らないので，軽率な婚姻を未然に防ぐ必要があるからとされる。
　この条文にはいくつかの問題がある。第一に，父母と規定されている点である。父母であれば親権を喪失した（親としての義務を十分に果たしていない）親でもよいことになる。
　第二に，父母の一方が同意しないとき，行方不明や死亡したとき，意思を表示することができないときは，他方だけでよいとし，それもできないときは，同意は必要ではない，あるいはもしも同意を得ていなくても，誤って受理されてしまえば，それも有効（⇨744条）である。これは法制度としてはいかにも不完全である。それならば，いっそ廃止してしまう方がよいとする意見が出てくるゆえんである。
　第三に，実際に父母が婚姻に同意しないのは，親の希望に沿わない結婚に反対するケースが多い。これでは戦前の戸主の婚姻同意権と同趣旨になってしまう。
　以上のことから削除論が有力であるが，さらにわが国の成人年齢（20歳）が諸外国（18歳のことが多い）に比べ高いことも遠因として，成人年齢を下げ，婚姻適齢を上げて，両者を合致させる考え方も主張されている。

RESEARCH in DEPTH！

▶会社の配偶者手当をもらうために便宜上婚姻届を出し，同居生活もしていない。この2人は法律上夫婦といえるか。
▶婚姻届を出さずに内縁関係を続けていた2人がいた。ある時一方が無断で婚姻届を出したが，他方は何もいわずに今までどおり夫婦同様の生活を続けていた。この婚姻届は有効か（参考判例；最判昭和47・7・25民

集26巻6号1236頁)。

▶民法改正草案の中に婚姻適齢の廃止，再婚禁止期間の廃止もしくは見直し，父母の同意の撤廃がある。現行法の立法意図，改正案の根拠をそれぞれ検討しよう。

▶高収入だと信じて結婚を決めたが，実は違っていた。これは「人違い」に当たるだろうか。「人違い」になる場合とはどんなものであろうか。

▶婚姻取消原因のうち744条列挙事項と747条列挙事項の違いはどこにあるだろうか。本質的違い，法文上の違いを検討しよう。

> **THEME**
>
> **婚姻の効力**
>
> 1 　一般的効力──氏，相互の扶助，成年擬制，契約取消
> 2 　財産的効果──契約財産制と法定財産制

　婚姻のさまざまな効果のうち氏や身上に関するものが「一般的効果」，財産に関するものが「財産的効果」すなわち「夫婦財産制」である。

1　一般的効力
(1)　夫婦の氏
　氏とは姓名のうちの姓のことである。婚姻届用紙（⇨資料編）には夫婦の氏を記載しなければならない（戸籍法74条1項）ので，婚姻を成立させるためには夫婦の氏を決めなければならない。その決め方を民法は「婚姻の際に定めるところに従い，夫または妻の氏を称する。」（750条）と定めた。夫婦それぞれが旧来の姓を名のり続けることも，第三の姓を用いることもできず，どちらかの姓でなければならない。これを夫婦同氏の原則という。

　しかし同氏原則には批判が多い。このようなケースがある。独身時代から研究活動を続け，生来の姓で論文執筆等をしてきた女性研究者が，婚姻により夫の氏を称する届出をした。研究活動は旧姓で続けようとしたが，勤務先の国立大学は戸籍上の姓の使用を強制した。そこでこの女性は国を相手に，プライバシー権，表現の自由，職業活動の自由，学問の自由，著作者氏名表示権等が侵害されたとして訴えた（東京地判平成5・11・19判時1486号21頁）。

　どちらかの姓とあっても，現実には女性が改正せざるを得ず，職業上あるいは精神的にも多くの負担を負うことがあるので，別姓を選ぶことも可能なシステム（夫婦別氏選択制）が主張され，国会審議を経たが，未だ改正には至っていない。

なお夫婦の一方が死亡した場合，他方配偶者（法文はこれを「生存配偶者」という）は原則として婚姻中の氏を継続して称するが，届け出ることによって婚姻前の氏に復することもできる（751条1項）。

(2) 同居・協力・扶助

夫婦が同居し，互いに協力し扶助する（752条）ことは婚姻の本質部分である。入院，単身赴任，収監等で夫婦が同居していない場合も多いが，同居しないことが義務違反として問われるのは，これらの正当な理由がない場合である。協力扶助もそれぞれの夫婦の事情に応じてなされなければならないが，扶助とは自己と同一程度の生活を保障することであり，当然ながら男女双方の義務である。これらの義務が履行されない場合，家庭裁判所に同居協力扶助の調停を申し立てる（家事審判法9条1項乙類1号）ことになる。それでも応じない場合は悪意の遺棄として離婚原因となる（770条1項2号）。

(3) 成年擬制

未成年者が婚姻をしたときは成年に達したとみなされる（753条）。成年擬制により法定代理人の同意なしに有効に法律行為をすることができる。ただし公法上の能力（たとえば参政権など）は成年擬制と関わりない。いったん成年擬制を受けた後，20歳前に婚姻が解消されても効力は変わらないと考えられている。

(4) 夫婦間の契約取消権

夫婦間で契約したときは，その契約は婚姻中，いつでも，夫婦の一方から取り消すことができる（754条）。夫婦間の契約は本質的に他人どうしとは異なり，法的に履行を強制することも似つかわしくないとする立法理由による。制限は第三者の権利を害さない（同条但書）点だけである。しかし夫婦関係が円満なときは取消権が問題になることは少なく，むしろ破綻時に取消権の濫用として表面化することが多い。そこで学説・判例とも破綻時には取り消せない（最判昭和33・3・6民集12巻3号414頁，最判昭和42・2・2民集21巻1号88頁）としている。さらに本条無用論も強く主張されている。

RESEARCH in DEPTH !

- ▶夫婦別姓論争につき，賛否両論の根拠と問題点を挙げよう。
- ▶会社が当事者の意に反して転勤させ，家庭の事情から単身赴任せざるを得なくなった。夫婦は会社に対し，同居協力扶助の義務を履行する権利の侵害として賠償請求できるであろうか。
- ▶第三者の行為で夫婦関係が壊された場合，他方配偶者はその第三者を相手取って，貞操義務の侵害による不法行為責任を問えるであろうか（参考：最判昭和54・3・30民集33巻2号303頁）。また配偶者の一方と第三者が合意の上同居を始めた場合，他方配偶者はなお第三者に不法行為にもとづく損害賠償を請求できるであろうか（参考：平成8・3・26民集50巻4号993頁）。

2 財産的効果

(1) 夫婦財産契約

　夫婦の財産関係は，当事者が自由に契約でその内容を決めることができることになっている。しかしこの契約は婚姻の届出前に締結し（755条），これを登記しなければ夫婦の承継人や第三者に対抗できない（756条）。さらに婚姻届出の後は変更できず，例外的に変更できるのは，一方が他方の財産を管理する場合に，管理が失当であったことによって財産を危うくしたときで，共有財産があれば分割請求もできる（758条）。いずれの場合でも管理者の変更，共有財産の分割は登記なしには承継人や第三者に対抗できない（759条）。

　このように厳格な要式性等のため，夫婦財産契約はほとんど利用されていない。別段の契約をしなかったときには，法定財産制による（755条）ことになり，契約財産制が原則と規定されてはいるが，実質的には法定財産制がほとんどという実態がある。

(2) 法定財産制

① 婚姻費用の分担

　夫婦は資産，収入などいっさいの事情を考慮して，婚姻から生ずる費用を分担する（760条）。婚姻から生ずる費用とは婚姻生活を営むための費用であり，

```
夫婦   ┌ 夫婦財産契約（756条〜759条）
財産   │     契約締結→登記→婚姻届……変更禁止
制     └ 法定財産制（760条〜762条）
           原則別産制
                              ┌ 婚姻費用の分担
           別産制を修正するもの │ 日常家事債務
                              └ 共有推定
```

夫婦と夫婦が扶養の一次的義務を負う未成熟子の, 衣食住, 養育, 教育, 医療などの費用である。

分担方法は通常は夫婦の協議によるが, 協議が調わない場合は審判を求めることができる（家事審判法9条1項乙類3号）。別居していても分担義務を免れることはなく, とくに子の養育費は, 裁判で別居が正当化されてもなくならない。

② 日常家事債務

夫婦の一方が日常の家事に関して第三者と法律行為をしたときは, 他の一方はこれによって生じた債務について, 連帯責任を負う（761条）。日常の家事とは婚姻費用の際の婚姻とほぼ同様, 日常生活に必要な事務いっさいを含むことになる。生活に必要な費用は個別に異なるので, 状況によることになるが, 一般的には衣食住の通常の経費, 通常の範囲の医療や生命・損害の保険契約, 税の負担, 子の教育などが日常家事となると考えられている。

日常家事の範囲を超えてなした行為は, 原則として夫婦各自の責任であるが, 日常家事に属すると信ずるについて正当な理由がある場合は, 取引の相手方保護として連帯債務となる（同条但書）。その根拠につき判例は相互に代理権を持ち, しかし逸脱したときは110条の表見代理が発生するのではなく, 正当事由ある場合のみ取引の相手方が保護されるという（最判昭和44・12・18民集23巻12号2476頁）。

③ 特有財産・共有推定

夫婦の一方が婚姻前から有する財産および婚姻中に自己の名で取得した財産は, その特有財産となる（762条1項）。さらに夫婦のどちらのものかはっきり

しないものは共有と推定する（同条2項）と規定している。結局どちらのものかはっきりしないもの以外は，結婚前と同様，自分のものは自分のものとする原則を定めたことになる。これを別産・別管理制という。

別産制は，夫婦といえど，それぞれ個の尊重にかない，近代法理念にもかなうものであるが，現実の夫婦関係は相互の協力で維持されるものであるのに反し，別産制のもとでは，妻の協力（内助の功）は容れる余地のないものとなる。

そこでたとえば夫名義の預貯金や不動産も，夫婦の協力で取得したものであれば，実質的に共有とみなすようになってきている。とはいえ，これをもって第三者に対抗するのはむずかしい（⇨ COLUMN）。現実に共有的実態が生きてくるのは，離婚時の財産分与か配偶者相続権として主張するか，寄与分として認定されるかである。しかしこれらも確定的権利ではないので，問題は多い。とくに居住用不動産については，名義人が勝手に譲渡等の処分をすることを制限するよう，他方（非名義）配偶者の同意を得るように法制化すべきであると強く主張されている。

諸外国でも，夫婦財産の性質については，別産性と共有性の中間的考え方をする工夫が行われている。

COLUMN

夫の給料の半分は妻のもの？

サラリーマンの夫と専業主婦の妻がいた。妻は銀行の給料振込口座のキャッシュカードを，常時自由に使い，家計の管理をしていた。

あるとき家族の食料品等を購入するための家計費を払い戻すため，いつものように銀行でキャッシュカードを操作したが，何度やっても「このカードは使用できません」というメッセージが画面に出る。不審に思い銀行員に調べてもらったところ，名義人（夫）がカードの変更を行い，暗証番号も変更したことが判明した。

妻は，自分は名義人の妻であり，自分の内助の功で夫が職業活動を続けており，今までも妻として夫の給料を自由に管理してきたので，自分が使えなくなるのはおかしいと，抗議したが銀行には聞きいれてもらえなかった。妻の言い分は通らないのであろうか。

実はこうした場合，夫婦（当事者）間では共有財産の認識があっても，銀行（第三者）にはそれをもって対抗できない。つまり名義人たる夫個人の財産ということになる。妻にとっては釈然としないであろう。本来的問題はどこにあるか考えよう。

RESEARCH in DEPTH！

▶夫婦財産契約の利点は何か。利用しやすくするためにはどのような方式にすればよいであろうか。

▶すでに婚姻関係が破綻し，別居状態でも婚姻費用分担義務はあるだろうか。

> **THEME**
>
> ## 婚姻の解消
>
> 1　離 婚 制 度──わが国の離婚制度の特性は！
> 2　協 議 離 婚──合意による離婚。自由意思の担保は？
> 3　裁 判 離 婚──調停，審判，離婚原因
> 4　離婚の結果──財産の処理，子どもの親権・監護権

　婚姻が解消するのは死亡と離婚である。取消とは異なる。死亡により当事者の配偶関係は当然消滅する。しかし婚姻から派生した関係については，当然には消滅しない（⇨26頁）。なお死亡と擬制される制度である「失踪宣告」も，婚姻関係を消滅させるが，生存配偶者再婚後に失踪者が生きていることが判明した場合は，本来は重婚となるが，後婚の成立で前婚解消と解されている。

1　離 婚 制 度

　婚姻に対する考え方（婚姻観）は，時代や地域により異なり，とくに宗教との関係は切り離せない。とくにその解消である離婚については，地域や宗教により，さらにその価値観や方法が大きく異なっている。
　中でも宗教教義により離婚が制約されていたのはキリスト教である。婚姻は神のなせるわざであり，人為的に解消することは神に対する冒瀆と説かれてきた。婚姻不解消主義である。そこでキリスト教の諸国では婚姻の絆を残したままとする別居（＝卓床離婚，不完全離婚）をもって離婚に代えてきた歴史がある。とくにイタリアやスペインなどの南欧諸国や中南米諸国では1900年代半ば以降も不解消主義をとる国が多かったが，現在ではほとんどの国で離婚が可能となっている。
　わが国の離婚の歴史は家父長的家族制度の下で，追い出し離婚などに見られる男尊女卑型の制度であった。現行法では新憲法の男女平等の理念のもとで，

客観的離婚原因を定めた裁判離婚と，完全に当事者の協議に委ねた協議離婚とを2本の柱とする離婚制度がとられている。

2 協議離婚

夫婦は協議で離婚することができる (763条)。要件は当事者の合意があることと，離婚届を出すことである。

(1) 離婚意思

対等な当事者の自由な合意形成にもとづく制度ではあるが，合意の確認などをする機関はいっさい介在しないので，現実には必ずしも合意のないまま届けが出されることもある。そこで「離婚届不受理願」の制度が認められている。離婚届が勝手に出される心配があるときにこの届けを出しておくと，6カ月間は受理されないというものである（⇨資料編）。

なお諸外国の協議離婚制度は一定の別居期間を義務づけ，その後に当事者の合意の有無を第三者機関が確認するなどの関門をおくことが多い。わが国でも自由な意思形成を担保する制度の必要性が問われるべきである。

実態は婚姻関係が継続しているにもかかわらず，なんらかの便法のためにする離婚（いわゆる仮装離婚）は有効か否かが問題になる。判例は離婚意思とは離婚届を出す意思と解し，したがって仮装離婚も有効としている。実態にそぐわない法律行為を是認することは一考の余地がある。

(2) 意思能力

意思能力は婚姻の際に準じ，成年被後見人であっても成年後見人の同意を得る必要はない。ただし離婚届作成時のみならず届け時にも能力がある必要があると解されている。

(3) 離婚届

離婚の届出がないかぎり，作成しただけでは協議離婚は成立しない。未成年の子がいる場合は夫婦の一方を親権者と決め，それを離婚届に記載しなければ受理されない (765条1項)。間違って受理されても，離婚そのものは成立する（同条2項）。

離婚届を出さないかぎり婚姻状態は継続するが，婚姻の実態がない夫婦は少なくない。このような事実上の離婚状態は，婚姻届のない事実上の婚姻の裏返しであり，また事実婚を生む要因ともなっている。そこで民法改正試案では5年別居離婚が提案されているが，保護を必要とするものへの配慮が十分になされることが必要である。また別居中の夫婦における子の監護に関して，協議離婚の監護者決定の条文を類推して，家事審判の対象とすることができる（大阪高決昭和46・4・12家裁月報24巻1号51頁）。

(4) 無効取消

詐欺脅迫については婚姻規定が準用（764条）され，取り消すことができる。

> RESEARCH in DEPTH !
>
> ▶わが国の離婚制度の歴史をたどってみよう。「三行半（みくだりはん）」とは何であろうか。
> ▶わが国の協議離婚制度は比較法的にもきわめて特異である。その長所短所を論じよう。
> ▶5年別居離婚が提案された背景，根拠と，提案されている制度の問題点を考えよう。

3 裁判離婚

夫婦で離婚の合意に達すれば協議離婚をすることができるが，合意に達しない場合，一定の離婚原因があれば，人事訴訟手続法にしたがって離婚の訴訟を起こすことができる（770条）。なお人事に関する事項は訴訟の前に調停に付さなくてはならない（これを「調停前置主義」という。家事審判法18条1項。⇒前出20頁）ので，まずは家庭裁判所での調停が行われる。調停が不成立の場合は，一定の審判に付されることがある。審判で離婚が成立すれば裁判離婚と同じ効力をもつ。

(1) 調停離婚・審判離婚

調停は基本的には裁判ではない。当事者の出頭のもと非公開で，当事者の合

意形成を助力するよう調停委員が介在する。当事者の合意ができると調停調書に記載され，確定判決と同一の効力をもつ。その後離婚届が提出されることとなる。

調停は成立しなかったが，いっさいの事情から離婚が相当なときは，当事者の申立ての趣旨に反しない限度で，調停に代わる審判をする。とくに離婚そのものには合意していても，離婚の諸条件や子の親権，養育費などについての話し合いがつかずに調停不成立となった場合等は，家庭裁判所が金銭その他の給付を命ずることができ，これに対して当事者が2週間以内に異議を申し立てなければ，確定判決と同様の効力が生ずる。異議申立てがあれば審判の効力はなくなり，なお離婚を望む場合地方裁判所に人事訴訟を提起することになる。

(2) 裁判離婚の離婚原因

一方が離婚を希望し，他方が離婚を望まない場合は合意による離婚は成立しない。合意がないかぎり離婚が絶対に不可能とすることも，一方配偶者にとって酷な場合もある。そこで法律は，一定の合理的理由がある場合に限って離婚の訴えを起こし，判決で認められた場合に離婚ができる制度を設けている。これを裁判離婚，もしくは狭義の訴訟離婚という。

離婚原因は近代法制の元では諸外国に共通するものが多いが，時代とともに変化もしている。かつて日本では妻の不倫（姦通）はそれだけで離婚原因となるが，夫の場合は一定条件の場合のみ離婚原因とするなど，男女不平等な規定がおかれていたが，現在では性による差別はない。

現行法は4つの具体的離婚原因と1つの抽象的離婚原因（770条）をおいている。

1. 不貞な行為（同条1号）。自分の意思で配偶者以外と性的関係を持つことで，脅迫などによる場合は含まない。婚姻成立前のものについては責任を問うことはできない。
2. 悪意の遺棄（同条2号）。正当な理由なく，同居・協力・扶助の義務を履行しないこと。この場合の悪意とは，社会的非難に値するというものである。

3. 3年以上の生死不明（同条3号）。生死が明らかではない状態が離婚時まで3年以上継続していること。失踪宣告とは異なる。
4. 強度の精神病で回復の見込みがないとき（同条4号）。夫婦の本質は相互の協力関係にあることから，相互理解がなしえないほどの精神病と理解される。しかし判例は，病者の療養，生活などにつき具体的方途の見込みがつかない以上は，精神病を原因とする離婚は認められないとしており（最判昭和33・7・25民集24巻12号1943頁），この判決には批判が多い。
5. その他婚姻を継続しがたい重大な事由（同条5号）。1号〜4号に該当しなくとも，婚姻関係が破綻し，継続が困難な状態になっている場合である。そこで破綻主義を宣言した条項とされている。

(3) いっさいの事情による請求棄却（裁判所裁量）（770条2項）

裁判所は前項1号〜4号の事由があるときでも，いっさいの事情を考慮して婚姻の継続を相当と認めるときは，離婚請求を棄却することができる。当事者の状況を客観的に判断して，婚姻を思いとどまらせることも，とくに弱い立場の側を救済する利点となることもある。しかし裁判官の恣意的判断が入る恐れもある。5号で破綻主義的離婚原因を明示していることと相い容れない。本項を削除し，前項5号に，他方当事者が離婚によって苛酷な状況に置かれた場合の措置（苛酷条項）をおくべきであろう。

(4) 有責主義と破綻主義

破綻してしまった婚姻は理由を問わず離婚を認めるという積極的破綻主義をとった場合，自分で離婚原因を作っておきながら離婚請求をするような身勝手が許されるのか，という心情的疑問が残る。そこで離婚原因を作った側（責任の有る側＝有責者）には離婚を言い出させないという考え方がある。これを有責主義という。わが国もかつては「夫が妻をさしおいて他に情婦を持ち，それがもとで妻との婚姻関係が困難になった場合には，夫の側から本条1項5号によって離婚を請求することは許されない」（最判昭和27・2・19民集6巻2号110頁）などの有責主義の立場が続いていた。

しかし有責性と婚姻継続との関係，子どもを含んだ家族の生活などの諸問題

離婚の種類と手続

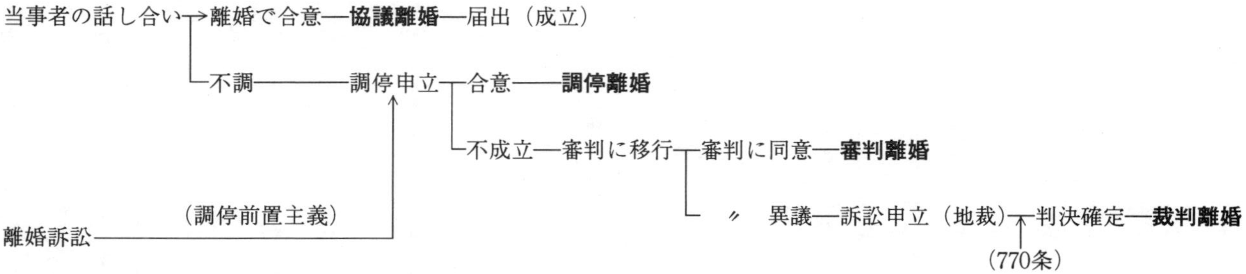

当事者の話し合い→離婚で合意→**協議離婚**→届出（成立）
　　　　　　　　└不調─→調停申立─合意→**調停離婚**
　　　　　　　　　　　　　　　　└不成立→審判に移行─審判に同意→**審判離婚**
　　　　　　　　　　　　　　　　　　　　　　　　　　└異議→訴訟申立→**裁判離婚**
　　　　　　　　　　　　　　　　　　　　　　　　　　　　　　判決確定（770条）

離婚訴訟 ──（調停前置主義）──→ 調停申立

★ 4つの離婚制度の割合（1950年以降97年統計まで大差なし）
　協議離婚が圧倒的多数（90％以上）。調停離婚は10％弱。判決離婚約1％。審判離婚年間全国で100件以下。

★ ただし、上記の数字には、実態が必ずしも反映していない。
　裁判離婚が和解解離成立した場合、協議離婚と記載される。

と価値観の変化などから、「有責配偶者からされた離婚請求であっても、夫婦がその年齢および同居期間と対比して相当の長期間別居し、その間に未成熟子がいない場合には、離婚により相手方がきわめて苛酷な状況におかれる等著しく社会正義に反するといえるような特段の事情のない限り、有責配偶者からの請求であるとの一事をもってその請求が許されないとすることはできない。」(最判昭和62・9・2民集4巻16号1423頁) とする判決がでるに至った。ただしこの判決も別居期間、未成熟子の有無、苛酷条項などの条件次第であり、わが国で積極的破綻主義が採られたと断言することはできない。

ちなみに積極的破綻主義を採る諸国の立法様式は、有責性は離婚請求の許否基準ではなく、夫婦財産の精算や慰謝料などに反映させるというものが多い。

RESEARCH in DEPTH !
▶諸外国の離婚原因を比較検討しよう。
▶精神病を離婚原因と法定することは妥当だろうか。夫婦の本質から論じよう。
▶有責主義と破綻主義について、是非を論じよう。

4　離婚の効果

協議、裁判を問わず、離婚は夫婦の関係を将来に向かって終了させる。その法効果について法文上は協議離婚について規定 (766条〜769条) するが、裁判離婚に準用され (771条)、離婚が成立した以上、どのような離婚様式がとられたにせよ、離婚の効果に変わりはない。

(1) 身上効果

夫婦としての権利義務が消滅することから、同居・協力・扶助義務、貞操義務、契約取消権、配偶者相続権はなくなる。

姻族関係は死亡と異なり、当然消滅する。ただし消滅後も婚姻禁止規定 (735条) があることについては前述33頁参照。

婚姻によって氏を改めた側は、離婚によって婚姻前の元の氏に復する (767条

婚氏続称の例

田中さん（男）と佐藤さん（女）の場合
・婚姻の合意——氏の選択；田中にすることで合意〈＝夫婦同氏原則〉
　　　婚姻届——婚姻成立。夫婦の氏は田中となる（戸籍筆頭者は田中）。
・協議で離婚することに合意
　　　婚姻届——離婚成立。⎰田中さん——田中のまま
　　　　　　　　　　　　　⎱元佐藤さん——佐藤に戻る
・元佐藤さんが，婚姻中の氏（＝婚氏；田中）を使いたいとき。
　　　→「届出」をすることで，田中を使うことが可能となる。
　　　　　　　　★

　　　　　★
　　　　⎧・離婚の日から3カ月以内に届出
　　　　⎨・届出ない場合は婚姻前の戸籍に入る（戸籍法19条，19条2項）
　　　　⎩・届出により新戸籍編成申出により新戸籍（戸籍法19条3項）

1項）。死亡とは異なる。しかし婚姻中の氏を継続して使用することを希望する場合には，3カ月以内に戸籍法の定めるところ（戸籍法77条の2）にしたがって届け出ることで，離婚の際に称していた氏（婚姻中の氏）を称することができる（婚氏続称；767条2項）。

　祭祀財産は一般の財産と異なり，現実社会では氏との関わりが大きいので，氏を改めた方が承継している場合には，当事者その他の関係人の間で協議をし，承継人を定めなければならない。協議できなければ家庭裁判所で定める（769条）。

(2) 財産的効果——財産分与と慰謝料

　離婚によって夫婦間の財産的効果は消滅し，婚姻費用の分担義務，日常家事債務はなくなり，共有推定も働かなくなる。さらに離婚によって新たに財産分与と慰謝料の問題が発生する。

　離婚当事者の一方は他方に対して財産分与の請求をすることができる。当事者間で協議が調わないとき，協議することができないときは，家庭裁判所に対して協議に代わる処分を請求することができる。この請求は離婚から2年以内にしなければならない。請求があった場合，家庭裁判所はいっさいの事情を考慮して，分与させるかどうか，分与の額および方法を定める（768条）。

分与という用語の語感は一方の所有物を他方に分け与えるというイメージをもつため，法文の用語としては問題である。わが国では夫婦財産の項に離婚時の清算に関する規定をおいていないため，夫婦で蓄積した財産の清算は財産分与として処理せざるをえない。

　このことからも財産分与の性質は第一に夫婦共同財産の清算機能である（清算的要素）。その他に離婚後あらたに所得を得ることが困難な状況では，一方配偶者には他方の生計の目途が立つまで扶養する必要もあり，これも分与の機能である（扶養的要素）。

　離婚によって精神的苦痛を味わった側が慰謝料を請求することも，財産分与としてできるであろうか。最高裁は「すでに財産分与がなされた場合においても，それが損害賠償の要素を含めた趣旨とは解されないか，または，その額および方法において分与請求者の精神的苦痛を慰藉するに足りないと認められるものであるときは，右請求者は，別個に，相手方の不法行為を理由として離婚による慰謝料を請求することを妨げられない」としている（最判昭和46・7・23民集25巻5号805頁）。財産分与の中に慰謝料を含むとすべきか否か，判例の立場は必ずしも一貫していない。

(3) **子どもの処置**

　婚姻継続中は父母は共同親権を行使するが，離婚後はそれが困難になる。そこで協議離婚に際しては父母の協議でその一方を親権者と定めなければならない（765条，819条1項）。協議が調わない場合は裁判所が協議に代わる審判をするが，その際の基準は単に父母の経済力のみならず，環境や養育能力なども考慮され，子が満15歳以上のときは子の意思も尊重されねばならない（家事審判規則54条）。裁判離婚では裁判所が定める（819条2項）。

　親権とは別に，協議で監護者を決定することもできる（766条1項）。協議が調わないとき，することができないときは家庭裁判所は子の利益を考慮して定める（同条1項後段）。子の利益のために必要な場合には，家庭裁判所が監護者変更を命ずることもある（同条2項）。

　離婚により子とともに生活できない親に面接交渉権が認められることがある。

権利とはいっても面接することで子の精神状況を害する場合は認められるべきではない。一般に親の権利と構成されているが，子の福祉概念により制約を受けていると解すべきである。

COLUMN

"Best Interest of Child"（子の最善の利益）

　1989年の国連総会で「子どもの権利条約」（日本政府訳は「児童の……」）が採択された。当初十分な生育環境のない発展途上国の子ども保護のための制度と思われていたことから，早期の批准国は途上国に多かった。

　しかし実は子の権利条約のいう子どもの権利とは，食物や寝場所の確保だけではなく，子の意思が尊重されること，子の利益が重視されることが大きな意味をもち，わが国にとっても無縁ではなかった。公的システムとの関係では，教科書検定や内申書開示等，児童福祉法にもとづく措置や保護等の問題もあった。

　家族との関係では親権と子どもの権利とのかねあいがある。とくに離婚時の親権者と監護者の決定に際しては，「子どもにとっては，どちらがよいか」が最大の決定要因となる。

　そこで，家庭裁判所では調査官等の努力で子どもの意思の確認，尊重がなされているが，子にとっては，両親とも親であり，その時々の気持ちのゆれもある。子の利益を考えて監護者が決定できる場合だけとはかぎらない。離婚しても両親とも監護者となる（共同監護）アメリカ方式を日本でも導入することはむずかしいだろうか。

RESEARCH in DEPTH !

▶法が祭祀財産のみ別の取扱いとした根拠と立法の経緯を調べてみよう。
▶わが国の財産分与制度の問題点を明らかにしよう。
▶相手方への財産分与が債権者を害する行為（詐害行為）となるのはどんな場合であろうか（参考；最判昭和58・12・19民集37巻10号1532頁）。

III 親　　子

> **THEME**
>
> 親　子　法
>
> 　1　親子法の理念と構造——子のための親子法の意義

1　親子法の理念と構造
(1)　親子法の発展
　かつて家父長制の家族のもとでは，子どもは被支配者であり，子としての法の主体ではなかった。親子関係が法規制の対象となっても，子は親の親権に服する対象であり，親権は文字通り親の権利と構成されていた。現代では親権は子を保護し，社会化させる親の義務と理解されている。このような親子法の変遷を，標語として「家のための親子法」から「親のための親子法」を経て「子のための親子法」に至ったと称される。

　現在子どもに関する法制度は，成長途上にある子どもを保護するためのものとして位置づけられ，民法上でも子の福祉，子の最善の利益が理念とされている。この考え方は国連の「子どもの人権条約」（政府訳は「児童権利条約」）にも共通するものである。この条約を批准した国は条約に違反する国内法の見直しが必要であることから，わが国の民法中，非嫡出子の相続権に関する規定等，あらゆる子どもの人権尊重と平等に反する規定は改正が必要である。

(2)　親子法の構造
　親子の本質は何か。血のつながりが第一に考えられる。しかし血縁だけがすべてではないことは，血縁のない親子関係が多数存在している事実を挙げるま

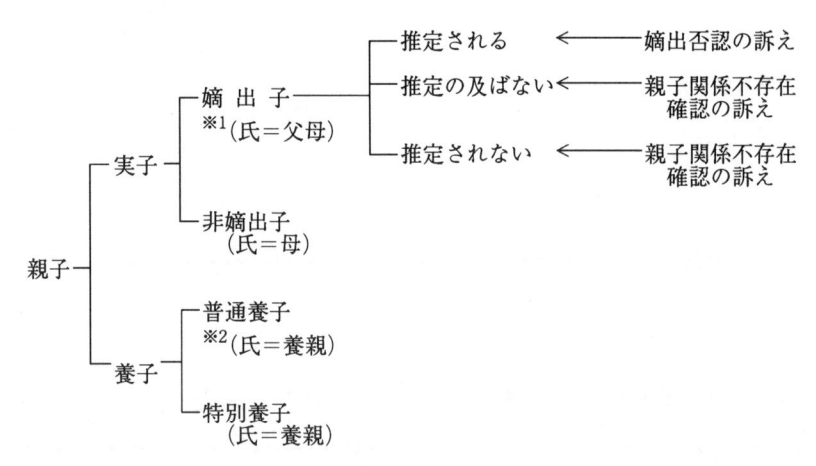

```
                                   ┌─ 推定される    ←── 嫡出否認の訴え
                    ┌─ 嫡出子 ──────┼─ 推定の及ばない ←── 親子関係不存在
              ┌ 実子┤   ※1(氏=父母)│                   確認の訴え
              │    │               └─ 推定されない  ←── 親子関係不存在
              │    │                                   確認の訴え
              │    └─ 非嫡出子
  親子 ───────┤       (氏=母)
              │    ┌─ 普通養子
              └ 養子┤   ※2(氏=養親)
                    └─ 特別養子
                       (氏=養親)
```

※1　子の氏についてのこの他の法規定として，捨て子について市町村長に氏名をつける義務がある（戸籍法57条）。
※2　婚姻によって氏を改めた者は例外（810条但書）。

でもない。さらにバイオテクノロジーなど自然科学の発達により，血縁関係がむしろ複雑になり，親子の本質が見えなくもなってきている。生物学的親子と法律学上の親子は異なる。それは法律上の親子の意義が，社会的存在として親子をどのようなものと把握するかにかかっているからにほかならない。

　民法上は親子を実子と養子に大別する。実子はさらに父母が婚姻関係にあるか否かで，嫡出子と非嫡出子とに分ける。

　養子は法制度上の概念であり，血縁のないところに親子関係を擬制するものであるが，これにも普通養子と特別養子の2種がある。

Ⅲ 親 子 57

> **THEME**
>
> 実 子
>
> 1 嫡 出 子
> 2 嫡出でない子（非嫡出子）

1 嫡 出 子

(1) 嫡出推定と嫡出否認の訴

　母と子の血縁関係は，かつては分娩の事実により争う余地がないといわれてきたが，現在では代理母の問題や，受精卵提供者がさらに異なる場合など，必ずしも単純ではない。父子関係の場合は出産の事実だけからでは確定がむずかしい。そこで法律は婚姻関係を前提に，妻が婚姻中に懐胎した子は夫の子と推定する（772条1項）とした。

　婚姻中に懐胎したかどうかも真実は明らかではない。そこで婚姻成立の日から200日後または婚姻の解消もしくは取消の日から300日以内に生まれた子は婚姻中に懐胎したものと推定する（同条2項）ことにした。この二段の推定によって嫡出子と推定されることを「嫡出推定」という。

　もちろん，自然的父子関係はこれと異なることもある。疑惑を持ちつつ生活することは家族の本質にも反するので，その際には推定された父子関係を否定する訴えを認めている。これが「嫡出否認の訴え」である。しかし否認の訴えを無制限に認めることは弊害も多い。そこで法は訴権者を，推定された夫のみとし（774条），期間も子の出生を知ったときから1年以内（777条）に限定した。さらに子が産まれた後で嫡出であることを（自分の子であると）承認した場合は，その後は否認権を失う（776条）とした。

　なお，例外的に子の位置づけが相続に関係することから，夫が777条の提訴期間内に否認の訴えを提起しないで死亡した場合，その子のために相続権を害される恐れのある者，その他三親等内の血族は否認の訴えを提起できる（人事訴

訟手続法29条）ことになっている。
　本来夫にのみ訴権を認めた趣旨から逸脱し，しかも手続法にのみ根拠を持つことで問題がある条項である。
　(2)　推定の及ばない子
　嫡出推定は婚姻が成立した以上平穏な婚姻生活が継続していることを前提として成り立っている。したがって，そもそも同居生活がないような状況では，形式的には適合しても実質的には推定が働かないことになる。たとえば事実上の離婚状態，失踪あるいは長期不在など，夫の子と推定することが明らかに不合理な場合が考えられる。このような場合はそもそも嫡出の推定が働かない。しかし婚姻関係にあるので嫡出子ではある。そこでこれを「推定の及ばない嫡出子」とする。
　(3)　推定されない嫡出子と親子関係存否確認の訴
　婚姻関係にある両親から生まれた子であっても，772条の要件に合致せずしたがって夫の子と推定は受けない嫡出子も存在する。たとえば婚姻前に懐胎され，婚姻成立後200日以内に出生した子はその典型である。もしこれを嫡出子ではないとすると，世間一般に多くの子が非嫡出子となり，嫡出子となるには父の認知が必要となるが，これは実情に合わないことである。
　そこで判例は，婚姻届より以前に事実上の婚姻関係が先行している場合は，出生と同時に当然に父母の嫡出子たる身分を有すると判示した（大審院連合部判決昭和15・1・23民集19巻54頁）。しかし実務上戸籍の取扱者（戸籍事務管理掌者）は実質的審査権をもたないので，内縁関係が先行しているかどうかを調べることはできない。そこで内縁関係中の懐胎かどうかを問わず，婚姻成立後の出生子はすべて嫡出子の地位を取得することになった。これを「推定されない嫡出子」という。
　嫡出子ではあるが推定は受けない。したがって親子関係を争うには厳格な要件の否認の訴えによる必要はなく，親子関係不存在確認の訴えでよい（親子関係が有ることを確認する訴訟は親子関係存在確認の訴え。両方合わせて存否確認の訴えという）。

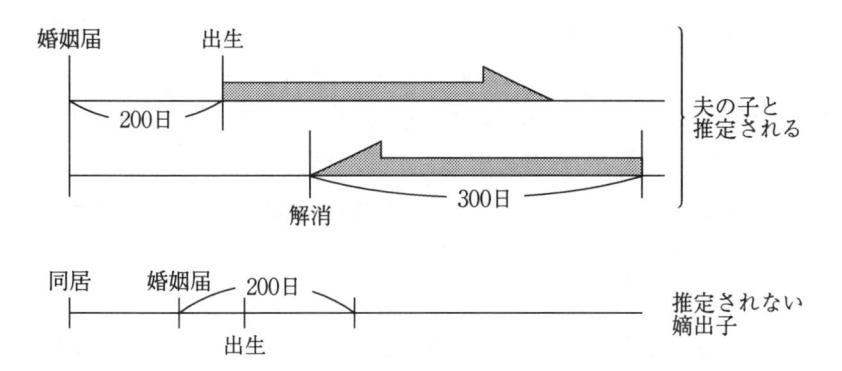

```
婚姻届    出生
  |——200日——|—————————————————|
                                  ←————————————   夫の子と
                        |————————————————|        推定される
                        解消   ————300日———→

同居  婚姻届  200日
 |———|——|————|
         出生                    推定されない
                                 嫡出子
```

　ただしこの訴えは利害関係のある人は誰でも，いつでも起こすことができるので，子の地位が不安定になるという欠点がある。そこで772条の「婚姻成立の日」を内縁成立の日とすることを主張する学説もあるが，挙式を挙げても届出のない内縁が大半であった時代と異なり，現代では内縁成立の時点を確定することが困難なので，とりえない。判例も婚姻成立の日を厳格に解している（最判昭和41・2・15民集20巻2号202頁）。むしろ親子関係存否確認の訴えを提起できる範囲を狭くする立法的措置が必要であろう。

（RESEARCH in DEPTH !）
▶776条の否認権を失う場合とは，どんな場合が考えられるであろうか。
▶医学的に夫の生殖不能が証明されている場合，推定は働くであろうか。

2　嫡出でない子（非嫡出子）
(1) 嫡出でないということ
　婚姻関係にない男女の間に産まれた子を「嫡出でない子・非嫡出子」という。わが国の現行法文上は「嫡出である子」（790条），「嫡出でない子」（779条，790条）が使われているが，嫡の用語自体に「家」意識があることもあり，また諸外国の例にもならって婚内子・婚外子という表現を用いることもある。

779条は「嫡出でない子は，その父または母がこれを認知することができる」と規定した。父母との間に真実の血縁関係があっても，そのままでは法律上の親子関係は存在しない。認知の手続が必要である。ただし母については判例は原則として認知を待たず分娩の事実により当然発生する（最判昭和37・4・27民集16巻7号1247頁）と判示しているが，わが国でも夫婦間以外の体外受精の可能性もあり，母子関係といえど問題は残る。

(2) **認知の種類と方式**

認知には2種類ある。認知をする側が自らの意思で届け出もしくは遺言で行うもの（任意認知）と，認知者の意に反し，認知を受ける側が裁判に訴えて得るもの（強制認知）とである。

① 任意認知

認知は意思能力がある限り，未成年者，成年被後見人であっても法定代理人の同意なく行うことができる（780条）。

認知の方式は，届出か遺言（781条）のどちらかである。ただし父が嫡出でない子の出生届を出した場合，それが受理されたとき認知届の効力があるとした判決がある（最判昭和53・2・24民集32巻1号110頁）。

認知は原則として認知者の単独行為だが，その行為によって親子関係の有無が生ずるので，相手方にも関わることである。そこで法は例外的に相手方の承諾を得なければならない場合をあげている。

　　1　成年の子を認知する場合はその子の承諾（782条）。
　　2　胎児を認知する場合は母の承諾（783条1項）。
　　3　死亡した子でも直系卑属がいる限り認知できるが，その直系卑属が成人の場合（同条2項）。

認知は真実の血縁関係があることを前提にして行われる。したがって認知を受けた子およびその他の利害関係人は，認知の無効取消を求めて，反対事実を主張することができる(786条)。もしも認知をした者がすでに死亡している場合は，検察官に対して提訴できる（最判平成1・4・6民集43巻4号193頁）。

認知をする者に，認知をしようとする意思がなければ無効である（最判昭和

52・2・14家裁月報29巻9号78頁)。ただし認知をした父または母は，認知を取り消すことができないという規定もある (785条)。詐欺脅迫による場合認知でも，認知をした側からは取り消せないことになる。

このようにわが国の認知制度は意思尊重(意思主義・主観主義)と事実尊重(事実主義・客観主義)の両方の性質を合わせ持っていることになる。

② 強制認知

父が任意認知をしない場合，裁判に訴えて認知させることもできる。これを「強制認知」または「裁判認知」という。この場合の原告は子，直系卑属またはこれらの者の法定代理人 (787条) である。

訴えの相手方は父が生存していれば父，すでに死亡していれば検察官である。父が生きている間はいつでも提起できるが(最判昭和37・4・10民集16巻4号693頁)，父死亡後は3年に限られる (787条但書)。行方不明になっていた父が死亡していることを知ったのは，死亡から3年以上過ぎてからであったという事例で，最高裁はそのようなやむを得ない事情の場合は，父の死が客観的に明らかになったときから3年以内は提訴できる(最判昭和57・3・19民集36巻3号432頁)と判示した。

訴訟では父子関係があることを証明しなければならない。かつて明治時代の古い判決では，子が懐胎された当時，母と相手方男性との関係が唯一のもので，他に情交関係がなかったことを原告が証明しなければならなかった。現実にはなかったことの証明は難しく，相手からの「不貞の抗弁」を許す結果にもなっていた。

現在ではもはや不貞の抗弁がなされることはなく，懐胎可能な時期の母と相手方の状況の他，血液型の検査などの結果を考慮して判断される(最判昭和32・6・21民集11巻6号1125頁)とした判決があるが，さらに科学的検査方法の進展により証明は容易かつ確実になることは明らかで，むしろ科学的真実万能がもたらす問題の検討が迫られている。

(3) **認知の効力**

認知によって，父子関係は子の出生にさかのぼって効力を生ずる (784条) が，

第三者がすでに取得した権利を害することはできない（たとえば遺産分割などの場面）。

　認知により父は親権者となることもできる（819条4項）。

　子は認知によって父に対する相続権を持つ。相続分が嫡出子の二分の一とする規定（900条4号）をめぐっては，合憲性が争われ，1993年に東京高裁は違憲判決を出したが，最高裁（平7・7・5）は法律婚の尊重とのかね合いで，合理的根拠があり合憲とした（ただし5裁判官の反対意見あり）。民法改正要綱では差別撤廃が決定されており，平等化が世界の潮流である（⇨資料編改正要綱，相続分）。

　子の氏について，嫡出であれば父母の氏を，嫡出でない子は母の氏を称する（790条）が，認知によっても原則として変わらない。ただし家庭裁判所の許可を得て，父の氏を称することができる（791条1項）。しかし氏は戸籍と連動しており，父の氏に変更するということは，父ならびにその法律上の家族の戸籍に記載されることになる。そこで父の正当家族の感情も十分考慮して，判例の中には，反対ある場合には父の氏への変更申立てを却下することもありうると判示（大阪高決昭和43・3・12家裁月報20巻9号64頁）したものも，また逆に父の妻の感情よりも子の福祉を重視すべきとしたもの（福岡高決昭和43・12・2家裁月報21巻4号137頁）もある。

　金銭などと引替えに認知を請求しないとする約束をすることは有効であろうか。認知請求権の放棄の問題である。認知を受けることは金銭上の権利のみではない。法的親子関係を確定することによる心情的側面もある。しかし放棄を認めると，金銭などによって放棄の強要が迫られることも考えられる。放棄契約は無効とすべきである。

　父母の婚姻によって，非嫡出子を嫡出子とすることを「準正」という。認知後に父母が婚姻する場合（婚姻準正；789条1項）と，婚姻成立後に認知する場合（認知準正；同条2項）とがある。子の死亡後も，直系卑属がいる場合は，準正が認められる（同条3項）。

COLUMN

人工生殖

　子どもが欲しいと望んでいてもかなわないとき，人はどうするであろうか。あきらめるか，養子を育てるか，あるいは武士の時代であれば，他の女性に産ませるということもあった。

　しかし生殖技術の進歩により，人工授精，体外受精，さらには代理出産すら，技術的には可能となった。

　人工授精には，夫の精液によるもの（AIH）と提供者（ドナー）の精液によるもの（AID）の2種類がある。法的にはAIHは問題なく推定を受ける嫡出子となる。AIDについては，本来は推定の及ばない子とすべきであるが，施術を受けることを夫が同意したことで，夫の嫡出子とみなし，夫は子を否認できないと考えられている。さらにこの逆の立場の提供者には父であることを主張させないような措置がとられ，したがってここでは遺伝子レベルの父と法律上の父が異なることになる。

　体外授精は，夫婦間の場合のほか，妻の卵子により他の女性に産んでもらう（借り腹）ケースや，他の女性からもらった卵子を，夫（または他の男性）の精子で授精させ，妻に移植（「貸し腹」または「もらい卵」等と言われる）するケースも，すでに行われている。

　わが国では，妻の妹の卵子で体外授精施術を行った医師を，産婦人科学会が除名処分するという動きになっている。このことからもわかるように，現在わが国の人工生殖に対する規制等は，医学先導であるが，欧米諸国では法律で規制しており（1900年，ドイツ；胚の保護に関する法律，イギリス；ヒトの授精および胚研究に関する法律，1994年，フランス；生命倫理法），わが国でも法律上の取組みが，社会的議論となる必要がある。

RESEARCH in DEPTH！

▶認知に際して相手方の承諾を得なければならない根拠は何であろうか。782条，783条のそれぞれの場合について検討しよう。承諾を必要とする場合は他にないであろうか。立法論として論じよう。

▶夫の認知した非嫡出子の氏の変更を拒む法律婚の家族の主張は身勝手であろうか。両者の立場を考えてみよう。

> **THEME**
>
> # 養　子
>
> 1　普 通 養 子——わが国の特性，要件・効果
> 2　特 別 養 子——意義と機能，要件・効果

1　普 通 養 子

【ケース】　なかなか子どものできない田中夫婦は，あきらめて養子をもらうことにした。しかし養子であることがわかると本人も傷つくだろう，いじめを受けるかもしれないと考え，また自分たちもできるならばわが子として育てたいと思い，養子の事実がばれないように，生まれたばかりの赤ちゃんをどこかからもらってきて，わが子として出生届を出すことはできないものかと考えている。そういうことができるだろうか。どうしたらできるだろうか（⇨ COLUMN「赤ちゃん斡旋事件」）。

(1)　わが国の養子制度

昭和62年に特別養子制度が新設されたが，わが国では今なお実際に行われている養子のほとんどが普通養子である。わが国の養子は当事者間の契約と構成されており，未成年に関する例外的規制を除くと，諸外国にくらべ非常に緩やかな法制度である。

跡取りのいない夫婦が親族の子を養子にしたり（いわゆる親族養子），娘だけしかいないので，姓を継いで墓を守ってもらうため（旧法の婿養子に近いが，現行法には「婿養子」はない），近時は孫を養子にすることで，世代を通じての相続税の軽減を図るため（いわゆる中継養子）等，養子の目的はさまざまである。どれも不法な目的でないかぎり，縁組契約として有効である。

しかし一般に諸外国では，孤児や保護を必要とする子どもに，家庭という養育環境を与えることが養子制度の目的と考えられるようになり，養子となる子

の保護のためにいくつかの法規制をおいている。わが国のように成立の際に公的介入のほとんどない養子制度は，きわめて少ない。

(2) 普通養子を成立させるには——要件

養子縁組は届出が形式的要件である。この点は婚姻に類似しているので，届出については婚姻規定の準用となっている（799条，739条）。婚姻届の際は当事者に婚姻意思のない婚姻届は無効であった。養子も当事者の意思がなければ無効である（802条）。婚姻と大きく違うのは，当事者の一方が未成年者であることが多い点である。そこで本人が15歳以下の場合は法定代理人が代わって縁組を承諾する（代諾縁組；797条1項）。代諾権者は法定代理人と規定されているので，親権者・後見人である。しかしこんな心配がある。

【ケース】 離婚する際，母が子どもを引き取って現実に養育し，父が親権者になることに取決めをした。1年後父は再婚し，養育環境が整ったといって子どもの引取りを請求してきた。母は断固断ったが，今度は子どもと夫の新しい配偶者との間で養子縁組が成立したとして引渡し請求をしてきた。母はこの養子縁組には反対であるが，親権者として父が代諾して養子縁組が成立したので，子どもを引き渡さなければならないだろうか。

現実に子どもと日常生活をしている親が知らぬ間に養子縁組が成立すること自体不合理である。そこで昭和62年に，法定代理人の他に監護する立場のものがいる場合，その監護者の同意を得なければならない（797条2項）と法改正した。同意をとらずに行われた場合は，監護者から縁組の取消を請求することができる（806条の3）。

養子の目的はさまざまであるが，親子関係である以上，形式的にも親子の形態と子を養育する実態を有している必要がある。そこで養親は成年であること（792条），尊属や年長者を養子にすることはできない（793条），後見人の立場にあるものが被後見人と縁組する際は，財産管理の立場が悪用されることがないように，家庭裁判所の許可を得ること（794条）と規定した。

養子を得て養親となることは夫婦で行うべきものとして，従来わが国では配偶者ある者は，配偶者とともに縁組をするものとされていた。しかし養子縁組行為は本来個人の法律行為であるとして，昭和62年の改正で，夫婦のうちどちらかが単独で行うことも可能となった。しかしたとえば夫だけが他人の養子となったとしても，妻も氏が変わるなどの影響を受ける。そこで他方配偶者の同意を要する（796条）とした。

なお夫婦で未成年者を養子にするときは，配偶者とともに，夫婦そろって養親とならなければならない（795条）。これを「必要的夫婦共同縁組」ともいう。ただしこんな場合は例外である。

【ケース】　離婚して子どもを引き取って暮らしていた女性と，独身男性とが結婚した。婚姻届は出したが，それでその男性と女性の子どもとが親子になれるわけではない。子どもから見れば「お母さんの新しい夫」にすぎない。夫から見れば「妻の連れ子」である。そこで法律的にも親子になろうとして養子縁組をすることにした。この場合も配偶者とともにしなければならないであろうか。

配偶者のある者が，配偶者の子を養子とするのに，配偶者とともにしたのでは，上の場合妻は実の子と養子縁組をすることになってしまう。そこで法律は「ただし配偶者の嫡出である子を養子とする場合はこの限りではない」とした（795条但書）。

未成年者を養子とする場合には，家庭裁判所の許可を得なければならない。ただし自己または配偶者の直系卑属を養子とする場合は，家裁の許可は必要ではない（798条）。

(3)　**無効取消**

縁組の無効は婚姻の場合と同様，当事者間に縁組の意思がないときと，届出をしないときである（802条）。縁組意思といえるかどうかをめぐって，こんな判例がある。

【ケース】 長年同居して家事や家業を手伝ってきた姪に，これまでの感謝の意味も込め，財産を相続させ，死後の供養を託するために，養子縁組をしたのに対し，当事者間にはかつて情交関係があったので，養親子関係を作ろうとする意思とはいえないとして無効が争われた。しかし最高裁は，事実上の夫婦然たる生活関係は形成されてはおらず，縁組を有効に成立させるに足る縁組意思は存在すると判示した（最判昭和46・10・22民集25巻7号985頁）。

取消は，縁組の成立要件である792条から798条の各条項に違反した場合（803条）と，詐欺脅迫による場合（808条）にのみ認められる。婚姻と同様，縁組の効果は遡及しない（808条，748条）。

(4) 縁組の効果

養子は縁組の日から，養親の嫡出子たる身分を取得する（809条）。相続および扶養について，嫡出子としての権利義務関係が発生する。

氏については養親子同氏の原則により，養子は養親の氏を称することになる（810条）。ただし配偶者ある者が養子となった場合は夫婦同氏原則が優先する（同条但書）。

養子縁組成立により，養親子間は当然，養子と養親の血族の間にも自然血族と同じ親族関係が発生する（727条）。しかし養子の血族と養親およびその血族との間には新しい法律関係が生じないことに注意しなければならない（⇨29頁絵図）。

(5) 縁組解消

縁組解消原因は，離縁と当事者の一方の死亡である。

離縁により養親子間の法定嫡出親子関係および養子と養親の血族との法定血族関係，縁組後に生じた親族関係は消滅する（729条）。

離縁とは養子縁組を終了させることで，婚姻の場合の離婚と同様協議離縁と裁判離縁とがある。協議離縁は当事者間の協議により（811条1項），届け出ることにより成立する。とくに注意すべきは養子が15歳未満の場合である。離縁

住民票の記載変更の例

区　　　　分	改正前	改正後
嫡出子	長男，二女等	子
特別養子	長男，二女等	子
養子	養子	子
嫡出でない子（世帯主である父に認知されている場合）	子	子
嫡出でない子（世帯主である父に認知されていない場合）	妻（未届）の子	同左
妻の連れ子（世帯主が夫である場合）	妻の長男，二女等	妻の子
夫の連れ子（世帯主が妻である場合）	夫の長男，二女等	夫の子
事実上の養子	縁故者	同左

COLUMN

住民票の記載変更（上記表）

　住民票の記載方法については，差別的であり，プライバシーの侵害にあたると，かつてより批判されていた。世帯主との「続柄」の欄に『子』とあれば，それだけで嫡出でない子であることが明らかとなるからである。さらに同じ嫡出の子でも，生まれた順に長男，二男……と書くことは序列をつけることで，とくに「長」という字はかつての家制度下の長男優先を思いおこさせるという批難もあった。

　とくに住民票は一定の手続を経ると，誰でもが他人のものを見ることができるため，プライバシーの侵害がはなはだしいと，記載方法の修正が強く求められていた。

　そこで自治省は，1994年12月15日の通達で，1995年3月1日から，上の表のような記載方法にすることを決め，各都道府県にあてて通知をした。嫡出・非嫡出，養子（特別養子も含む）を問わず一律に『子』としたこと，嫡出子についても長幼性別の記載を行わないとした点が要点である。

後養子の法定代理人となるべき人が養子に代わって協議する（代諾離縁。同条2項）。養子の父母が離婚している場合は，協議でどちらかを，離縁後の親権者と決めなければならない（同条3項）。2項の法定代理人になる者がいない場合，3項の協議が調わない場合は，家庭裁判所の審判に付し，家裁が選任することになる（同条5項）。

養親が夫婦で，未成年者である養子と離縁する場合には，原則として夫婦ともに行わなければならない（811条の2）。

裁判離縁は，1. 悪意の遺棄，
2. 3年以上の生死不明，
3. その他縁組を継続し難い重大な事由がある場合，
に，訴えを提起することができる（814条1項）。しかし離婚のときと同様に，いっさいの事情を考慮しての離縁請求棄却条項がある（同条2項）。

もちろん調停前置主義で，調停・審判が先行することは離婚と同様である。また養子が15歳未満の場合は，訴えの当事者は811条によって養親と離縁の協議を行うことができる者である。

氏も婚姻と同様，離縁によって縁組前に戻る（816条1項）が，配偶者とともに養子をした養親の一方とのみ離縁をした場合は，復氏しない（同条同項但書）。また婚氏続称と同じように，縁組時の氏を続称できる制度が昭和62年に新設された。それによれば縁組の日から7年すぎた後に離縁によって縁組前の氏に復した者は，離縁の日から3カ月以内に届け出ることで，離縁の時に称していた氏を称することができることになる（同条2項）。

養親子どちらかの死亡により，当事者間の関係は終了する。しかし死亡当事者の親族との間の法定血族関係は残る。縁組は当事者間に特有な関係として成立するが，効果が親族に派生的におよぶことで，問題発生の元となることもある。そこで昭和62年の改正で，生存当事者が家庭裁判所の許可を得ることで法定血族関係を終了させることができることとした（811条6項）。これを「死後離縁」ということもある。

COLUMN

諸外国の養子法

　わが国の養子法は，今なお家のための制度から脱却しえない部分を残している。裁判所の受件数では，未成年養子が養子届出数全体の一割にも満たない。しかし世界では戦争等による孤児収養の歴史的経緯から，欧米諸国のみならず，その他の貧富の格差の大きい国などでも，幼い子どもに暖かい家庭を与えることを目的とする未成年養子が中心となってきている。南米アルゼンチンでは1971年に「未成年者養子法」を制定し，その中には実親との関係を断絶するもの（完全養子）も，しないもの（単純養子）も含まれるが，いずれの場合も成人を養子とする場合よりも養親側の要件を厳格にし，子ども保護を徹底した法規を備えている（ただし現実には，その保護も得られないストリートチルドレンがたくさんいることも事実ではあるが）。

RESEARCH in DEPTH !

▶70歳の遠縁の女性の老後の世話をするために，妻65歳，夫71歳の夫婦がその女性と夫婦で養子縁組をすることとし，縁組届が受理された。しかし後に養親である70歳の女性より養子の一人が年長だとして，養親の親族が養子縁組の取消訴訟を提起した。どのように判断したらよいであろうか。

▶未成年の自己または配偶者の直系卑属を養子にする具体的な状況を考えてみよう。798条はなぜこの場合だけ家裁の許可を不要としたのであろうか。はたして妥当であろうか。検討しよう。

▶昭和62年の改正で，夫婦共同縁組について多くの部分が改正された。改正の根拠は何であったか，調べてみよう。

▶離縁は離婚と対比できる。財産的側面ではどうであろうか。財産分与に当たるものは考えられるであろうか。

2 特別養子

親の保護に欠ける幼児を保護することが目的で，昭和62年に新設された養子制度である。817条の次に，817条の2から817条の11まで，10カ条が追加された。

わが国の普通養子がさまざまな目的で使われるのに対し，諸外国では養子は戦争孤児や捨て子の救済を中心と考えられている。「菊田医師事件」もきっかけの一つではあるが，新設特別養子制度の目的は，あくまでも保護を必要とする子どもを，実の子どもと同様，家庭的環境へ収養し保護することである。それだけに要件は厳格で，実方の血縁関係を切断する一方で，養方には原則として離縁も認めない。

(1) 要　件

特別養子が成立するには，家庭裁判所の審判によらなければならない（817条の2）。審判は甲類事項で，審判官が関係者の陳述を聴いた後に確定する。

養親となるものは，配偶者のある者で（817条の3），25歳以上でなければならない。ただし夫婦のどちらかが25歳以上であれば，他方は20歳に達していればよい（817条の4）。

養子となるものは6歳未満でなければならない。ただし例外的に6歳になる前から養親に引き続いて監護されている場合（たとえば里子の場合など）は，8歳未満でもよい（817条の5）。

特別養子は実方の血族関係を終了させるものである。そこで養子となるものの父母の同意が必要である。ただし父母が意思を表示することができないとき，まは父母による虐待，悪意の遺棄その他養子となる者の利益を著しく害する事由がある場合は，同意は必要ない（817条の6）。

特別養子は父母の養育監護が著しく困難または不適当であるか，その他特別な事情がある場合に，子の利益のために特に必要がある時に認められるものである（要保護性。817条の7）。親のうちの一方の婚姻，再婚にともなって，いわゆる連れ子養子になる場合は，要保護性が問題である。

特別養子には〈ためしに育ててみる〉試験期間がついている。養親となる者

が養子となる者を6カ月以上の期間監護し，その状況を考慮しなければならない（817条の8）。養親となる者の適格性があるか，養子との間で親子関係を確立していくことが可能か，等の判断がなされることになる。

(2) 効　　果

　原則として特別養子にも普通養子に関する規定が適用される。そこで縁組の日から養親の嫡出子となる（809条）。養親の血族との間に，自然血族と同じ親族関係を持つ（727条）。養親の氏を称し（810条），養親の親権に服する（818条2項）ことも同じである。

　しかし特別養子にだけ適用される法効果があり，これは明文規定が置かれている。最大の効果は養子と実方の父母および血族との関係が終了（817条の9）することである。わが国ではかつてない考え方である。この点で特別養子を「断絶養子」と称することもある。

　縁組の審判が確定し，縁組届が提出されると，戸籍の編纂がなされる。戸籍の記載に当たっては，普通養子と異なり，実親との関係が戸籍から推定されることがないよう，工夫がされている。その手順は，ａ．養子の本籍地に，養親の氏で養子のみの単身戸籍（戸籍筆頭者は養子）を新しく作り（戸籍法20条の3），実親の戸籍から除籍させる（同法23条）。ｂ．その新戸籍から養親の戸籍に入籍させる（同法18条）。ここで先の単身戸籍は除籍簿につづられる。ｃ．養親の戸籍には，父母欄に「父母」として養父母の氏名，続柄欄には実子と同じく，「長男」とか「長女」などと記載される。養親に実子がおり，その子（長男）より年長の子どもを特別養子とする場合，職権で長男の続柄を次男に直し（これを更正という），特別養子の子の欄には長男と書く。ｄ．特別養子である事実を示しておくことも必要なので，身分事項欄に「民法第817条の2による裁判確定」と書く（⇨資料「特別養子縁組届」）。

(3) 離　　縁

　特別養子には原則として離縁はない（817条の10第2項）。特別な場合に限って，養子・実父母・検察官の請求により，家庭裁判所の審判によって離縁させることになる。その要件は養親による虐待，悪意の遺棄その他養子の利益を著しく

害する事由があり，かつ実父母が相当の監護をすることができる場合で，かつ養子の利益のために必要があると認められるときである（817条の10）。

　離縁によって養子と養親およびその血族との親族関係は終了する。一方で実親およびその血族との間に，離縁の日から，特別養子縁組によって終了した親族関係と同一の親族関係を生ずる（817条の11）。氏は特別養子縁組前の氏であり，戸籍は縁組前の，単身戸籍に移る前の戸籍に復籍する。

COLUMN

赤ちゃん斡旋事件

　妊娠中絶を希望する女性に多く接してきた宮城県の産婦人科医，菊田昇氏は，中絶で生きた命を殺すことを防ぐにはどうしたらよいかと悩み，生まれたばかりの赤ちゃんを他人の実の子として届け出ることに手を貸すことにした。

　戸籍に子どもを生んだ事実を載せたくない女性がいる一方で，子どもが欲しいのに子宝に恵まれず，養子でもいいができることなら実の子として育てたいと願っている夫婦もいる。子どもの命を救うには，この両者を斡旋するしかないとして，新聞にわが子として赤ちゃんを育てる人募集という広告を出したのである。

　いうまでもなく菊田医師の行為は，虚偽出生証明書の作成と虚偽出生届に関わることで，不法であり，犯罪でもある。これが「赤ちゃん斡旋事件」とか，「菊田医師事件」と呼ばれる事件である。しかし菊田医師の意図したことには賛同する人が多く，これをきっかけに，養子を戸籍に実子と同じように記載する，いわゆる「実子特例法」の創設が検討され，昭和62年に「特別養子制度」として立法化されることとなった。

RESEARCH in DEPTH!

▶普通養子と特別養子につき，成立要件，効果のそれぞれの側面を比較してみよう。

▶父母の虐待の事実が明らかとなり，児童福祉施設に収養されていた幼児を特別養子にする場合，父母の同意を得る必要があるだろうか。「817条の6」の同意を要しない場合とは，現実にはどんな場合が考えられるだ

ろうか。
▶認知されていない非嫡出子が他の夫婦の特別養子となった後に，血縁上の父からの認知をすること，およびこの父に対し認知請求をすることは，許されるであろうか。
▶特別養子縁組をした養子が養父母に対して暴力をふるうので，養父母は家裁に離縁の請求をしたいと考えている。できるであろうか。

> **THEME**
>
> ## 親　　権
>
> 　1　親権原理と当事者
> 　2　親権の内容

1　親権原理と当事者

　成年に達しない子，つまり未成年者は親権に服する。「家」制度の旧法下では，親権は家長の支配権であったが，現行法下では未成年の子の保護・育成のための親の義務と解されている。親の虐待などが社会問題化している昨今，親権の意義の徹底が課題となっている。

(1)　親権の当事者

　親権に服する子は未成年者（818条1項）だけである。親から独立し自律して生活していても，未成年であるかぎり親権に服する。個々の成熟度や個性ではなく，一律に年齢で規制する。婚姻した場合は成年に達したとみなされる（成年擬制）ので，親権には服さない。

　親権者となるべき者は，嫡出子については父母である。父母が婚姻中は共同して行使する（818条1項，3項）。父母の婚姻が解消された場合は父母のどちらかの単独親権になる。父母の一方の死亡や失踪宣告を受けたときは，他の一方が親権者となるが。離婚したときは当然には決まらないので，協議離婚であれば協議で定め（819条1項），裁判離婚であれば裁判所が定める（同条2項）とした。

　子の出生前に父母が離婚した場合は母の単独親権となるが，出生後に協議で父の単独親権とすることもできる（同条3項）。

　非嫡出子については母の単独親権に服する。ただし父が認知した後，父母が協議で父を親権者と定めたときは，父が親権者となる（同条4項）。

　いずれにしても協議で決まらないとき，協議することができないときは，家

親権者変更の例

```
1) 父母離婚──父親権行使──家裁の調停・審判⇒母に変更（可）
2) 父母離婚──父親権行使──父再婚・子と父の妻養子縁組
                              （＝実父と養母の共同親権）
       ⇒実母からの変更申立の可否は？
         ・できないとする説が多い
         ・しかし実母に親権者変更をさせないための養子縁組もあり
           うるので，できる，とすることも可能
3) 母の単独親権──母死亡──後見開始とする考え方
                          └生存親に変更とする考え方(★)
★名古屋高裁金沢支決昭和52・3・23家裁月報29巻8号33頁
```

庭裁判所が協議に代わる審判をする（同条5項）。

養子は養親の親権に服する(818条2項)。養父母の一方が死亡したときは他方の単独親権となる。養父母双方が死亡したときについては規定がない。実親の親権が復活するか，親権者なしとして後見が開始するかで意見の分かれるところであるが，判例は後見開始としている。養父母と離縁したときは，実父母の親権が回復する。

このほか親権を行う者として，児童福祉施設に入所中の児童の親権を行う者または後見人がいない場合，児童福祉法にもとづき，福祉施設の長が親権を行うことになる（児童福祉法47条）。

(2) **親権者変更**

単独親権の場合，子の利益のために必要があるときは，家庭裁判所は子の親族の請求によって，親権者を他の一方に変更することができる（819条6項）。

親権変更は家庭裁判所の審判事項（前提として調停）である（家事審判法9条1項乙類7号）。単独親権者が死亡した場合，生存親が親権を行使することが当該未成年の福祉に沿うときは，819条6項を準用して親権者の変更をなすことができ，これは後見人が選任された後であっても同様であるとする判決がある（⇨上図）。

Ⅲ 親子 77

> **COLUMN**
> 「親権・監護権は妻」が増加
>
> 　親権者の決定は，協議がととのわないかぎり，裁判所が定める。かつて親権は圧倒的に夫の手に委ねられていたが，1970年代頃から妻が親権を行うケースが増加し，1997年には，「妻が全児の親権を行うもの」が78.1％になっている（人口動態統計平成9年版）。この背景には，子は家のもの，とする観念がうすれ，他方，女性の経済的地位の高まりがあることが予測できる。
>
> 　しかし他方で，子を引き取り監護する女性に対する社会保障（母子家庭の生活保護等）の必要性が問われる社会現象も発生している。離婚した夫の養育義務履行の強化とともに，子を持つ女性の労働市場の確保，社会的養育施設の充実等，多角的解決を必要としている。

2　親権の内容

(1)　親権の効力——身上監護

　親権の内容は，子の監護教育をする権利義務である（820条）。監護とは身体の保護育成を図ること，教育とは精神の発達を促すことであるが，両者を厳密に区別することは不可能なので，要は未成年の子の心身の健全な発達に配慮することである。

　監護教育の権利義務と規定されているが，現実には不当な行使，あるいは不履行が親権濫用として親権剥奪となる場合もあり，義務と解すべきである。なお就学させる義務（教育基本法4条1項，学校教育法22条）等の規制が加わるのも義務たるゆえんであり，親権の恣意的行使は許されない。

　監護教育の具体的例として，居所指定権，懲戒権，職業許可権，財産管理権と代理権が列挙されている。前三者をまとめて身上監護とし，財産管理とは区別する考え方もあるが，判然と区別されているわけではない。ここでは便宜上財産管理のみ別の項として考える。

① 居所指定

　子は親権を行う者が指定した場所に，その居所を定めなければならない（821

条)。子の義務として規定されていることから，意思能力のある未成年の子を対象としている。しかし意思能力のある子が自分の意思で親権者の指定に従わない場合，履行強制は許されない。

　意思能力のない子の場合は，本人自らの行為ではなく，第三者による行為に対する妨害排除請求あるいは引渡し請求があり得る。この場合は通常裁判所の民事訴訟で行われる場合もあり，また家裁の審判で行われる場合もある。第三者の行為が不法である場合には，とくに間接強制も許される。

　しかし子の引渡しで最も多いのは，夫婦間の子の奪い合いである。離婚自体については協議が調っていても，双方が親権を主張して譲らない場合，家庭裁判所は子どもの利益の観点から，子どもにとってよりよい状況の一方を，親権者と定める。通常親権者と監護者が同一であることが望ましいが，場合によっては親権と監護権を夫婦双方が分け持つこともあり得る。この場合親権者が親権にもとづく居所指定権を根拠として，監護者の意に反して子を取り戻すことはできない。

　親権者決定のための調停・審判が長引く間に別居している夫婦間で子の奪い合いがあったり，家裁の決定後，非親権者側から親権者変更の申立てがあることもある。家庭裁判所の処理にも当然時間がかかることもある。

　そこで子の引渡しに迅速かつ強力な手段として，人身保護法が適用され得ることが判例で示されてからは，夫婦間の子の奪い合いをめぐって人身保護法での解決をはかられることが多くなった。

　しかし本来人身保護法は，こうした目的のための法律ではない。強力な手段であるだけに，紛争を深刻化させることにもなっている。安易な人身保護法の適用に警告をならした判決がある。内容をのぞいてみよう。

　【ケース】　3歳と4歳の子ども2人を夫の元に残して別居した妻が，人身保護法にもとづいて子の引渡しを請求した事件である。子どもたちは夫とその両親（子どもたちの祖父母）によって養育されていた。高裁では，幼児の場合特段の事情がないかぎり，父親よりも母親の監護養育の方が子の福

祉に適うと判断したが，最高裁は人身保護法の解釈に誤りがあるとして，破棄差戻しとした。

判決理由の中で，人身保護法で請求するためには，正当な手続によらない拘束があり，その拘束が無権限であることが明らかでなければならない（人身保護規則4条）が，本件で無権限の拘束が明らかというためには，拘束者（夫とその両親）が子の2人の幼児を監護することが子の幸福に反することが明白であることを要すると述べた。

さらに判事の補足意見として次のような見解が示された。そもそも別居中の夫婦の，幼児の監護権をめぐる紛争は，本来家庭裁判所の専属的守備範囲に属するもので，家事審判の制度はこのような問題のためにこそ存在する。（本件の場合のように）幼児が安全か危険かに関わりなく，監護保育に緊急の問題が存在しないのに，昭和55年に改正された「審判前の保全処分」も活用せず，通常の訴訟とは異なる非常事態の応急的救済方法である人身保護を必要とする理由はない，というものであった（最判平成5・10・19判時1477号21頁）。

紛争とはいえわが子の処遇をめぐる問題で人身保護訴訟とは大仰な，と感じていた一般人の感覚をも納得させる見解である。なお同判決で言及された昭和55年の家事審判法の一部改正で，執行力ある審判前の保全処分制度が新設された。これにより，子の監護に関する審判の申立てがあった場合，家庭裁判所は申立により必要な保全処分を命ずることができることになった（⇒家事事件手続図）。

② 懲戒権

親権を行う者は，必要な範囲内で自らその子を懲戒し，または家庭裁判所の許可を得て子を懲戒場に入れることができる（822条）。親は子どもを社会人として成長するのに必要な善悪を教える義務があり，そのために場合によっては厳しくいさめる必要もある。いわゆる「しつけ」である。

しつけ自体は親の社会的義務であるが，その手段の確保としてとして法律は

懲戒権を定め，822条に懲戒場の規定を設けた。しかし実は親権者の申請により入所できる懲戒をする場所は，現在存在しない（児童擁護施設などの現存施設は親権者の申請によるものではない）。

懲戒が相当の範囲を越えた場合は，懲戒権の濫用として，親権喪失（834条）の原因となる。さらに傷害や暴行の罪になることもあり，18歳未満の子どもへの虐待行為は，児童福祉法28条によって，子どもを親から引き離し，里親などに委託し，あるいは養護施設に入所させることもある。

しかし問題は懲戒の範囲と濫用の区別である。一律には決し得ない性質のものであり，むしろ懲戒権規定の存在が濫用に抗弁を与えていることを考えると，懲戒権を法律が定めていることに問題があるとも考えられる。懲戒権規定の削除をも含めて，子どもへの虐待問題を論ずるべきである。

③ 職業許可権

子は親権を行う者の許可がなければ，職業を営むことができない。ここでいう職業とは民法6条や商法5条，6条の営業よりも広く，他人に雇われて働くことを含む。また未成年者がその営業に耐えられないことがわかったときには，親権者は営業の許可を取り消し，あるいは制限することができる（823条2項，6条2項）。

(2) **財産管理権**

① 親権者の代理権

親権を行う者は，子の財産を管理し，その財産に関する法律行為について子を代表する（824条本文）。この場合の管理には，財産の保存・利用さらには処分も含まれる。子どもの財産を売却する，子どもの名で債務を負担するなどもできる。

親権者が管理行為を行うときには，自己のためにするのと同一の注意義務を負う（727条）。後見人（後述）の場合に善良なる管理者の注意義務が必要である（869条，644条）ことに比してみても，注意義務が軽減されている。もしこの注意義務を怠って子どもの財産を危うくした場合には，家庭裁判所の宣告によって管理権を失う（835条）。

子が成年に達したときには，遅滞なくその管理の計算をしなければならない（管理計算義務；828条）。子の財産から収益がある場合，子の養育および財産管理の費用に充てることができ，これらの費用は子の財産から生じた収益と相殺したとみなされる（828但書）。

親権者は子の財産に関する法律行為について，子を代表する（824条）。代表するとは子の財産上の地位を代行することで，すなわち代理である。ただし子に意思能力があるときには，民法総則の規定どおり，親権者は同意を与えて法律行為をさせることができる（4条）のは当然である。

親権者がこの代理権を濫用した場合は，93条但書の類推適用があり，相手方が濫用の事実があることを知っていたか，知ることができる状態であったなら，行為の効果は子に及ばないとする判例がある（最判平成4・12・10判時1445号139頁）。

父母の共同親権の場合に，一方が共同名義でした代理行為，または子の行為の同意について，父母の他方が知らなかった，あるいは反対であったとしても，相手が善意であれば有効である（825条）。

② 利益相反行為＝代理権の制限

親権者の代理行為が制限されるのは，利益相反（親権者と子との利益が相反すること）の二つの場合である。

第1は親権を行う父または母とその子と利益が反する場合であり，この場合親権者は家庭裁判所に特別代理人の選任を請求しなければならない（826条1項）。第2は親権に服する子が数人いる場合にその1人と他の子との利益が相反する場合であり，この場合は一方のために同様に特別代理人の選任を請求しなければならない（同条2項）。

特別代理人を選任しなければならない場合に選任せずに，親権者自ら行った行為は，無権代理行為となる。したがって113条により，本人が追認しないかぎり本人に効力が生じない。

どんな行為が利益相反する行為にあたるかが問題である。判例は行為そのものによって判断すべきであり，意図や動機などは判断基準にならないとしてい

る。

　利益相反にあたるとされたものは，親権者が子を自分の債務の連帯保証人とし，自分の債務のために子の財産に抵当権を設定する行為，子の債権を親権者に譲渡する行為，親権者が数人の子を代理して遺産分割協議をする場合などである。また子が数人いる場合に，一部の子についてだけ相続放棄することも，該当するとされた。

　他方利益相反にあたらないとされたものは，親権者が自分が使う意図で子の名義で借金をし，子の不動産に根抵当を設定したり第三者の債務の担保にしたりする行為であり，いずれも外形上は親権者の利益が第三者に見えない状態である。

　以上の判例の立場は，確かに取引の相手方保護にはなるが，親権者が自分の動機や目的を隠して子どものためであるかのごとく装うと，親権に服する子の財産の保護を図ることはできなくなる。また逆に，子のために親権者名義で行う行為は利益相反となってしまう。

　こうしたことから，学説では行為の目的などを実質的に判断して決すべきとする意見もあるが，それでは取引の相手方である第三者に不当な損害を与えることにもなる。親権濫用の項で前述の平成4年最高裁判決が93条但書を類推適用したことは，ここでも意義を持つことになろう。

(3) 親権・管理権喪失

① 親権喪失

　親権が消滅する場合として，子の死亡は当然として，婚姻と成年がある。それ以外は原則として親権者自ら辞退することは認められていない。法定の理由に該当する事実がある場合には，子の利益にかんがみて親権者としてふさわしくない場合であるから，家庭裁判所が親権の喪失を宣告する。

　父または母が親権を濫用し，または著しく不行跡であるときは，家庭裁判所は子の親族または検察官の請求によって，その親権の喪失を宣告することができる（835条）。そもそも親権制度が子の保護育成を図るものであるから，親権喪失も子の利益を基準に判断されなければならない。親権濫用も不行跡も，そ

のことによって子の福祉が害されるかどうかが基準となる。

共同親権者の一方に親権喪失の宣告があれば，他方の単独親権となり，単独親権の場合に親権喪失の宣告があれば，後見が開始する（838条1項）。

親権を喪失しても，父母としての地位にもとづく権利義務は失わず，扶養義務や相続権は影響を受けない。また未成年の子の婚姻や特別養子縁組に同意する親としての権利も失わない。

親権喪失の原因となった行為もしくは事由がなくなったとき，本人または親族の請求により，失権の宣告を取り消すことができる（836条）。

② 管理権喪失

親権を行う父または母が，管理が失当であったことによってその子の財産を危うくしたときは，家庭裁判所は，子の親族または検察官の請求によって，その管理権の喪失を宣告することができる（835条）。この場合喪失するのは管理権だけであり，財産管理以外の親権は継続する。この管理権喪失宣告によって子の財産を管理する者がなくなるときは，管理権のみを行使する後見人が選任される（838条1号）。

親権者が破産宣告を受けた場合は管理権喪失原因となる（破産法68条。東京高決平成2・9・17家裁月報43巻2号140頁）。

親権者が子が受取人となって支払われた生命保険金を消費したとして親権喪失の申立てがあったものの，親権濫用は認められないとして，管理権の喪失が宣告された審判例（長崎家裁佐世保支審昭和59・3・30家裁月報37巻1号124頁）がある。

管理権喪失の原因がなくなったときには，家庭裁判所は本人または親族の請求により，失権の宣告を取り消すことができる（836条）。

③ 親権・管理権の辞任・回復

上記のように親権は子どものための制度であり，親権者が自由に着任，辞任しうるものではない。しかしやむを得ない事情がある場合は，むしろ辞任が子の福祉に適う場合もある。そこでやむを得ない事由がある場合に限り，家庭裁判所の許可を得て，親権または管理権を辞することができるとした（837条1項）。

やむを得ない事由がなくなったときは，家庭裁判所の許可を得て親権・管理権を回復することができる（837条）。

なお家庭裁判所の許可は審判であり，審判の結果は戸籍吏に届け出なければならない（戸籍法79・80条）。

COLUMN

「親権者」と「親権を行う者」

条文では「父母が協議上の離婚をするときは，その協議で，その一方を親権者と定めなければならない。」とあり，また「親権を行う者は，子の監護及び教育をする権利を有し，義務を負う。」とある。「親権者」と「親権を行う者」とは違う概念だろうか。

離婚後の親権者の決定は，親権者となりうる父母のうちのどちらかである。そこでこの「親権者となりうる資格を持つ者」を親権者と称することも可能である。

しかし「その一方を親権者と定める」や，親権者の変更（819条6項）の文言から，親権者とは親権を行う者をいうと解すべきである。

ただし親権の有無と監護教育費用の負担とは別個である。離婚後親権を行使しない親にも費用分担の義務があるのは，血族上の親としての義務（877条1項）である。

悪魔ちゃん事件

〈命名権も親権行使に入るか〉（東京家裁八王子支審平成6・1・31判時1486号56頁）

長男の名前を「悪魔」として提出された出生届をいったんは受理した東京都のA市市役所は，その後この名欄を誤記を理由に抹消手続をし，届出者に「名欄」の追加をするよう催告書を出した。そこで届出者は市（市長）のとった措置は違法として家裁に審判を申し立てた。

これに対し東京家裁八王子支部は，悪魔という名前が将来いじめの対象となり，本人の社会不適応を引き起こす可能性も考えられるとき，悪魔の名は本人の立場になってみると命名権の濫用で，戸籍管掌者が他の名前にするよう示唆し，なおもこれに従わず受理を求めるときには，不適法として受理を許否してもやむを得ないとした。

命名権も親権の一部か否かは直接は論じられていないが，子どもの健全な発育を助長することが親権の基本にあることを考えれば，社会通念に照らして子の不利益にならないように命名することが親権の内容と考えるべきであろう。

RESEARCH in DEPTH !

▶養親の一方が死亡して単独親権者となった者と離縁した。この場合実父母の親権が復活するか，後見が開始するか，どちらであろうか。死亡した養親との間で死後離縁がなされていたらどうなるであろうか。

▶親が親権にもとづき子どもに教育を受けさせることと，憲法26条の子どもに教育を受けさせる義務との関係を考えよう。

▶親権者の代理権は，身分行為にも及ぶであろうか。

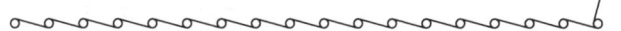

Ⅳ 後　　見

> **THEME**
>
> **新しい後見制度**
>
> 1　未成年後見
> 2　成年後見制度
> 3　任意後見

　これまで民法親族編では能力補充の制度として，未成年者に親権者がいないかもしくは親権行使ができないときのための未成年後見制度と，精神的能力を喪失もしくは減退した病者を対象にした禁治産制度とをもうけ，二つの制度を合わせて民法838条以下に「後見」として規定してきた。
　ところが禁治産制度については，財産管理が目的であるため，身上監護の側面が保護に欠け，さらにその名称が人格否定的意味合いを持つことや，公示手段として戸籍に記載されることが，国民感情と離齬していることなど，高齢社会の実態にそぐわないとして，かねてよりその改正が検討されていた。
　そして1999年末，ついに従来の禁治産制度を，いわゆる「成年後見制度」に代える民法改正法案が国会を通過し，2000年4月より新制度が施行されることになった。したがって改正後の民法4編第5章「後見」は未成年後見と成年後見についての規定となった。
　新しい成年後見制度は知的能力の減退した高齢者だけではなく，知的障害を持つ人を広く保護対象とし，本人の能力を否定して保護するのではなく，できるかぎり本人の能力を活用し，補充的に後見するもので，能力の程度などによ

り，三つの類型を用意し，自己決定権の尊重，ノーマライゼーションなどを理念としている。

さらに将来の能力減退に合わせて，事前に後見を委託する「任意後見制度」も新設された。形式上は特別法ではあるが，本来は自己決定の理念から，後見制度の中心に位置すべきものである。

親族編での規定様式も変化している。これまでは後見開始原因として未成年と禁治産とを併置し，それぞれの後見開始要件を規定した後は，未成年と禁治産の両者に共通する規定として，後見人の資格，後見監督人，後見事務の内容，終了原因などが順次規定されていた。

改正法では未成年後見は原則としてそのままで，成年後見については後見開始の審判ある場合として（838条）これまでと同様併置し，以降の各条文では，未成年後見について規定するもの，成年後見について規定するもの，単に後見とのみ規定するものとに分けている。後見とのみあるものは，未成年，成年の両者に適用されるものである（ここでは成年後見の項で説明する）。

未成年後見に関する条文も一部改正されてはいるが，以上の理由から，従来後見と欠かれていた部分を未成年後見と書き換えたためであり，実質的変更ではない。なお諸外国では成年後見の改正，新設に合わせ，未成年後見も実質的見直しに着手している国があり，わが国も参考になろう。

1　未成年後見

未成年者に親権者がいないとき，または親権者が財産管理権を有しないとき，未成年後見が始まる（838条1号）。

未成年後見者の決定は，二つの方法で行われる。その1は最後に親権を行う者が，遺言で指定する，指定後見人である。ただし管理権を持たない者は指定できないので，父母による共同親権の場合において，一方が管理権を持たない場合は，他方が指定できる（839条）。

その2は後見人が指定されなかった場合，または欠けた場合，家庭裁判所が選任する，選定後見人である。親族その他の利害関係人の他に，未成年者本人

にも請求権を与えている (840条)。

親権を行使していた父または母が、親権もしくは管理権を辞し、または失ったことで後見人を選任する必要が生じたときは、遅滞なく家庭裁判所に請求しなければならない (841条)。新設成年後見では複数後見人制を導入したが、未成年後見人は従来どおり、1人だけである (842条)。

辞任、解任、欠格については次節成年後見と同じである (⇒成年後見の項、91頁)。

未成年後見監督人についても、従来どおり後見人を指定しうる者が、遺言で指定することができ (848条)、この指定がない場合、必要があれば、家庭裁判所は未成年被後見人自身、その親族もしくは未成年後見人の請求によって、または職権で、監督人を選任することができる (849条)。

未成年後見人の事務は、原則として親権者の権利義務と同一である。監護教育、居所指定、懲戒、職業許可についての権利義務を負う。ただし後見監督人がついている場合は、以下の一定の事由については、後見監督人の同意を得なければならない。

1. 親権者が定めた教育の方針および居所を変更すること。
2. 懲戒場に入れること（ただし現実性のない条文であることにつき80頁参照）。
3. 営業を許可し、その許可を取り消し、または営業を制限すること。

未成年後見人の財産管理上の事務については成年後見の項で扱う。

2 成年後見制度

改正法は成年後見にのみ適用される条項が従来よりも増加している。というのもこれまでと比較して要保護者の類型が細分化され、能力の必要性と程度に応じて選択しうるようになったからである。

新成年後見制度は従来の禁治産と準禁治産に代え、後見・保佐・補助の3類型をもうけた。とくに新設の補助の制度は、本人の意思が重視され、開始の審判にも、また代理権付与にも本人（被補助人）の同意を必要としている。

> Attention！　**広義の成年後見と狭義の成年後見**
>
> 成年後見制度 ─┬─ 後見 ── 未成年後見と区別して**成年後見**という場合がある
> 　　　　　　 ├─ 保佐
> 　　　　　　 └─ 補助
>
> 三制度の総称が成年後見制度であり，その中の一類型である後見システムが狭義の成年後見である。

(1) 成年後見（狭義）

① 後見人の選任

　成年後見は，従来の禁治産に相当し，精神上の傷害により事理を弁識する能力を欠く常況にある者（8条）に対し，審判により開始する（838条2項）。審判において家庭裁判所は職権で，成年後見人を選任する。

　成年後見人は1人とは限らない。すでに選任されていてもさらに必要がある場合，あるいは本人，親族，その他の利害関係人，成年後見人の請求により，選任することができる（843条2項，3項）。法文上は「成年被後見人」と記されている本人が，後見人の選任に際して意思を表明できることは，自己決定権尊重の表れである。

　改正前は後見人は1人でなければならなかった（旧843条）が，改正法が複数の成年後見人を置いた趣旨は，その責務が財産管理だけではなく，本人の身上に配慮する義務（858条）にも及んでいることから，後見人間で任務の分配が必要であることも配慮したものである。

　成年後見人を選任するには，本人の心身の状態，生活および財産の状況，後見人となる者の職業，経歴，本人との利害関係の有無，本人の意見，その他いっさいの事情を考慮しなければならない（843条4項）。とくに法人が後見人となりうることも明文化されており，その際にはその法人の事業の種類および内容，法人およびその代表者と本人との利害関係の有無なども，後見人選任の考慮事項である。

禁治産制度では夫婦の一方が禁治産の宣告を受けたときは，他の一方は必ず後見人とならなければならなかった（旧840条）。しかし高齢社会に対応するための後見制度構築に当たっては，夫婦の一方が保護を要する状態では，他方も高齢となっていることが多く，必ずしも後見人には適さない場合もあるとして，配偶者法定（必要的）後見制度を廃止した。もちろん配偶者が適任者である場合には，後見人となりうる。

② 後見人の辞任・解任・欠格

後見人は正当な事由があるときは家庭裁判所の許可（審判）を経て，辞任することができる(844条)。その際あらたに後見人を選任する必要が生じたときは，家庭裁判所に選任を請求しなければならない（845条）。

後見人に不正な行為，著しい不行跡，その他後見の任務に適しない事由があるときは，家庭裁判所は，後見監督人，本人，もしくは親族あるいは検察官の請求によって，または職権で，後見人を解任することができる（846条）。

後見人になることができない者（欠格事由）は以下の通りである。

1. 未成年者。 2. 家庭裁判所で法定代理人，保佐人，補助人となることを免ぜられた者。 3. 破産者。 4. 被後見人に対して訴訟をし，またはした者，およびその配偶者ならびに直系血族。 5. 行方の知れない者。

③ 後見監督人

家庭裁判所は，本人，その親族もしくは成年後見人の請求により，または職権により，必要があると認めたときは，成年後見監督人を選任することができる（849条の2）。

後見監督人の欠格事由は，そもそも後見人を監督する職務である以上，後見人となり得ない者（846条，852条）のほか，後見人の配偶者，直系血族および兄弟姉妹である（850条）。

後見監督人の職務は，後見人の監督（851条1号）のほか，後見人が欠けた場合，遅滞なくその選任を家庭裁判所に請求すること（同条2号），急迫の事情がある場合に，必要な処分をすること（同条3号），後見人と被後見人（本人）との利益が相反する場合に，被後見人を代表すること（同条4号）である。

成年後見監督人の主たる職務は，後見人の監督であるから，家庭裁判所が職権でも選任できるとした点は，本人保護の要請によるものである。しかしさらに本人保護の理念を追求するならば，監督人の設置を必要的措置とすべきか否か，人員の確保，費用の問題などとあわせ，今後の課題である。

④　後見人の事務

第一の仕事は財産管理である。まずは被後見人の財産の調査（1ヶ月以内）をし，目録の調整（853条1項）をしなければならないが，後見監督人がいる場合は，監督人の立ち会いのもとで行わなければ効力がない（同条2項）。本来目録調整が終わらないうちは，後見人の事務を開始するわけにはいかないが，緊急の場合はやむをえないので，「急迫の必要がある行為」はなし得るものとし，ただし善意の第三者に対抗しえないとした（854条）。

後見人が被後見人に対し，債権債務を持っている場合は，後見監督人があれば，申し出なければならない。債権を持っていることを知りながら申し出なかった場合は，その債権を失う（855条）。被後見人が相続，包括遺贈などで包括財産を取得した場合も，後見事務開始に至る，財産調査，目録調整に関する853条から855条の規定が適用される（856条）。

実質的に後見事務が開始すると，後見人は被後見人の財産を管理し，財産に関する法律行為について被後見人を代表することになる（859条）。利益相反行為については親権規定が準用される（860条）。

被後見人の生活費用等および財産管理のためにかかる費用をあらかじめ予定しなければならず，さらに後見事務のために必要な費用は被後見人の財産の中から支弁すること（861条）が平成11年改正で明文化された。誰もが適切な後見人を見出せるとは言い難いことから，次条の報酬の規定と相まって，後見人確保に利する改正と考えられる。

成年後見にのみ関わる重要な改正点として，以下のものがある。

1　本人の意思を尊重すべきこと

「成年後見人は，成年被後見人の生活，療養看護及び財産の管理に関する事務を行うに当たっては，成年被後見人の意思を尊重し，かつ，その心身

の状態及び生活の状況に配慮しなければならない」(858条)と規定する。

同条の「療養看護」の意味については，後見人に現実の介護行為まで義務づけるようにとられるとして，立法化前から批判のある点であった。後見人には介護行為の法的義務はないと解釈すべきである（もちろん介護行為をしてはならないということではない）。

2 複数後見人がいる場合の処置

「成年後見人が数人あるときは，家庭裁判所は，職権で，数人の成年後見人が，共同して，又は事務を分掌して，その権限を行使すべきことを定めることができる」(859条の2)。家庭裁判所は職権でこれを取り消すことができ（同条2項），第三者の意思表示は，その1人に対してすれば足りる（同条3項）。

3 居住用不動産の処分の際の家裁の許可

「成年後見人は，成年被後見人に代わって，その居住に供する建物又はその敷地について，売却，賃貸，賃貸借の解除又は抵当権の設定その他これらに準ずる処分をするには，家庭裁判所の許可を得なければならない」(859条の3)。

居住用不動産の処分には特別の配慮が必要であり，諸外国でも（たとえばフランス，ドイツなど）同様の処置がなされている。

⑤ 後見事務の監督

後見事務の監督については，未成年，成年ともに適用される条文に規定されている。「後見監督人又は家庭裁判所は，いつでも，後見人に対し後見の事務の報告もしくは財産の目録の提出を求め，又は後見の事務もしくは被後見人の財産の状況を調整することができる」(863条1項)。

さらに「家庭裁判所は，後見監督人，被後見人，もしくはその親族その他の利害関係人の請求によって，または職権で，被後見人の財産の管理その他後見人の事務について必要な処分を命ずることができる」(863条2項)とされる。

(2) 保　佐
① 保佐の開始と保佐人

「保佐の制度は精神上の障害により事理を弁識する能力が著しく不十分な者」(11条) に対する保護の制度として新設された。かつては準禁治産制度として「心神耗弱者及ヒ浪費者ハ準禁治産者トシテ之ニ保佐人ヲ附スルコトヲ得」(旧11条) とされていたところを，準禁治産の用語と概念を改正すると同時に，心神耗弱の用語も障害者保護の現状に合わないとして，新設条文となった (⇨ COLUMN)。

従来の準禁治産と異なる点として，浪費者であることを開始要件からはずしたことも挙げられる。ただし浪費行動が保佐制度の保護の対象となる程度の障害から発生しているものであれば，申立事由となりうる。

保佐は保佐開始の審判によって開始する (876条)。保佐人は保佐開始の審判の時に，職権で選任される (876条の2第1項)。保佐人の選任，辞任，解任，欠格については，後見人の規定 (843条2項〜4項，844条から847条) が準用される (876条の2第2項)。保佐監督人についても同様である (876条の3)。

② 保佐人の代理権

保佐人は家庭裁判所の審判によって，特定の法律行為について被保佐人を代理する権限が与えられる (876条の4第1項)。しかし本人以外の請求によって代理権が付与される場合は，本人保護の観点から，本人の同意がなければならない (同条2項)。

本人の自己決定権尊重については，保佐人は本人の意思を尊重し，かつ心身の状態や生活の状況に配慮しなければならないとして，保佐人の職務についての明文をおいた (876条の5第1項)。

(3) 補　助

従来の禁治産・準禁治産制度は，基本的に重程度か，それに準ずる程度の障害者を対象とするものであった。しかし現実にはそれほど重い障害ではなく，日常生活には支障がないけれども，たとえば取引行為や，介護契約を締結するなどの法律行為では保護や援助を受けることを希望している人がいる。

そうした場合の措置として新設されたのが「補助」制度である。補助の対象となるのは「精神上の障害により事理を弁識する能力が不十分なる者」（14条）とされているが，後述のように本人が申立権者になり，本人に同意見，取消権があり，さらに代理権の付与には本人の同意がなければならないと，本人の意思が最大限に尊重されている。

本人が保護を求めて補助制度の申立をする以上，これを拒むことには問題があり，したがって14条の「事理を弁別する能力が不十分」の定義は，かなり広く弾力的に解されることになる。つまり補助制度の適用範囲，有用範囲は運用次第で広範なものとなり，広義の成年後見制度の三類型の中では，画期的かつ待望の制度であるといってもいいであろう。

① 補助人・補助監督人

補助も後見，保佐と同様審判によって開始し（876条の6），補助人はその審判の時に，職権で選任される（876条の7第1項）。選任については後見人選任規定などが準用される（同条第2項）。

本人との利益相反行為については，補助監督人がいる場合以外は，臨時補佐人を選任するよう，家庭裁判所に請求しなければならない（同条3項）。

補助監督人は，家庭裁判所が必要があると認めるときに選任するもので，請求しうるのは，本人，親族，補助人であり，職権による場合もある（876条の8）。

③ 補助人の代理権

家庭裁判所は，補助申立権者（14条1項。本人，配偶者，四親等内の親族），補助人，もしくは補助監督人の請求で，特定の法律行為について，補助人に代理権を付与することができる（876条の9第1項）。

「特定の法律行為」には何が入るか，明文の規定はない。財産上の法律行為は当然含まれるが，身上監護については，何らかの財産行為に関連する場合に限定するのか否か，明確ではないが，日常的な預貯金の管理行為や，介護契約，医療施設への入所，介護認定の申請等，今後一般的に必要性が高まるであろうと思われる行為が含まれるのは当然である。

ただし民法16条には，特定行為をなすには補助人の同意を得なければならな

いと規定してあり，その同意を要する行為は，「保佐」制度の中で被保佐人が保佐人の同意を得なければならないとして規定された行為の範囲を越えてはならないとされている。

> **COLUMN**
> **心神喪失・心神耗弱（コウジャク）はなぜ使われなかったか**
> 　心神喪失・心神耗弱は，具体的内容が必ずしも明らかではない。現行刑法にも刑の減免事由として使われている（刑法39条）が，その具体的適用には問題も多い。犯罪者に責任能力があるかどうかの鑑定結果が鑑定者によって異なることもよくある。判定はIQなどを使って医学的に判定されるが，そうした観点での判断に疑問が呈されている。判定基準の問題以上に，保護制度の在り方からの問題提起があった。そもそも民法上の保護制度はどのような保護が与えられるか（法効果）とともに考えたとき，能力の相対評価ではなく，不足能力の補充が必要として，両用語の使用に強い反対論があった。

3　任意後見

任意後見制度は，成年後見に関する民法改正と同時に新設された制度である。

(1)　制度新設の必要性と意義

高齢社会では，誰しも自分の将来につき，判断能力がなくなったり，弱くなったりした場合のことが心配である。そこで自分で判断し，処理できるうちに，財産管理などにつき，委任契約をして，代理行為をしてもらおうと思う人も多いはずである。

しかしこの契約については，本人が意思能力を喪失した場合には，代理権が消滅するという考え方と，存続するという考え方とで学説が分かれるところであった。

さらに存続するとしても，本人が意思能力を喪失した後では，代理人がはたして本人の意向どおりに行為を行うかどうか，権限濫用がないかなどにつき，本人が確認したりチェックしたりはできない。そこで新たな制度として，代理

人に委任した業務が正当に行使されているかのチェック機構を制度化することが要請されていた。

さらに諸外国では，同様の問題に対処して，公的機関の監督についての法律（たとえばイギリス，アメリカ，カナダのケベック州など）を立法化するなどの対策を講じてきた。

そこでわが国でも本人保護の観点から，成年後見についての審議会の中で，代理権の継続と監督制度などについて検討され，最終的に特別法「任意後見契約に関する法律」として立法化された。

(2) 任意後見の方式

① 任意後見契約とは

任意後見契約は「委任者（本人）が受任者に対し，精神上の障害によって事理を弁識する能力が不十分な状況における自己の生活，療養監護及び財産の管理に関する事務の全部又は一部を委託し，その委託に係る事務について代理権を付与する委任契約」（任意契約に関する法律2条1号）である。

② 効力発生要件

この契約が効力を生ずるのは，任意後見監督人が選任されたときからである。それまでは任意後見が効力を生じない。その理由は，任意後見制度の存在意義でもある，後見人の権限濫用を阻止するためであり，監督人の任務の重要性のゆえんがここにある。そこで任意後見契約が成立してから任意後見監督人が選任されるまでの間，後見人となる者を「任意後見受任者」といい，任意後見監督人が選任された後に初めて「任意後見人」と呼ぶことになる（同法2条3号，4号）。

なお任意後見契約は公正証書によってしなければならない（同法3条）。代理権授与行為が確実になされたことと，その内容が正確に登記されることで，契約の確実性が証明されることになる。

③ 解　　除

任意後見契約は本体は委任契約であるから，解除の自由に関する651条が原則として適用される。しかし任意後見監督人の選任前の解除については，公証

人が関与することで，当事者の意思による解除であることを証明するために，公証人の認証を受けた書面によることが必要とされている（同法9条1項）。

任意後見監督人の選任後における任意後見契約の解除については，本人または任意後見人は，正当な事由がある場合にかぎり，家庭裁判所の許可を得てなし得る（同条2項）。

(3) **任意後見監督人**

任意後見契約を締結し，これを登記（後見登記等に関する法律5条）した後に，精神上の障害によって，弁識能力が不十分な状態になった場合，本人，配偶者，四親等内の親族または任意後見人の請求により，家庭裁判所が選任する。

しかし選任しない場合もある。その場合とは，

1. 本人が未成年者である場合。
2. 本人がすでに法定後見の三類型の後見，保佐，補助のいずれかに服している場合で，その後見，保佐，補助を継続した方が本人の利益のためになると認められたとき。
3. 任意後見受任者が，民法846条に掲げる後見人の解任事由にあたる者であるとき，本人に対して訴訟をするか，あるいはした者，その配偶者と直系血族であるとき，不正な行為等任意後見人の任務に適しない事由がある者であるとき（任意後見法4条1項）。

上記2に関連して，法定後見よりも任意後見を優先すべきと判断され，任意後見監督人を選任する場合には，それぞれ後見，保佐，補助の開始の審判を取り消さなければならない（同条2項）。

任意後見の特質は，本人の意向に沿っていること，すなわち自己決定の尊重である。そこで任意後見監督人の選任が本人以外の者の請求によりなされるときは，あらかじめ本人の同意がなければならない（同条3項）。また本人の意思の尊重は，任意後見人の仕事（法文上は「事務」という）遂行上の注意として，「本人の意思を尊重し，かつ，その心身の状態および生活の状況に配慮しなければならない」（6条）と明文化されている。

任意後見監督人の資格については，規定はない。ただし任意後見人を監督す

る行為の実効性を考慮して，任意後見受任者または任意後見人の，配偶者，直系血族，兄弟姉妹は任意後見監督人とはなり得ない（5条）。

任意後見監督人の職務は，
1. 任意後見人の事務を監督すること，
2. その事務について家庭裁判所に定期的に報告すること，
3. 急迫の事情がある場合，任意後見人の代理権の範囲で，必要な処分をすること，
4. 任意後見人またはその代表するものと本人との利益が相反する行為について本人を代表すること（7条1項）である。

さらに監督行為を行う上で，いつでも任意後見人に対し，その事務の報告を求めたり，任意後見人の事務または本人の財産の状況を調査することができる（同条2項）。

家庭裁判所は，必要と認めるときは，任意後見監督人に対し，任意後見人の事務に関する報告を求め，任意後見人の事務もしくは本人の財産の状況の調査を命じ，その他任意後見監督人の職務について必要な処分を命ずることができる（同条3項）。

その他任意後見監督人の権利義務，辞任，解任，欠格事由，報酬，費用負担については，民法の関連規定が任意後見監督人に準用されている（同条4項）。また任意後見人に不正な行為などがあったときは，家庭裁判所は任意後見監督人，本人，その親族または検察官の請求により，任意後見人を解任することができる（8条）。

(4) 法定後見（後見・保佐・補助）との関係

任意後見制度は，本人の自己決定が尊重されることを旨とし，任意後見契約が登記されている場合は，原則として任意後見が優先し，本人の利益のために特に必要があると認めるときにかぎって，法定後見開始の審判をすることになる（10条1項）。

法定後見へと移す必要があるときは，任意後見受任者，任意後見人または任意後見監督人は，後見開始の審判を請求することができる（同条2項）。

後見開始の審判がなされた場合は，すでに任意後見監督人が選任されて契約の効力が発生していても，契約は終了する（同条3項）。

(5) 任意後見人の代理権消滅

任意後見契約が成立するためには登記を必要とするが，その登記は「後見登記等に関する法律」（平成11年法律第151号）により，後見登記ファイルに第5条所定の事項を記録することになる。この登記は，取引の相手方も登記事項証明書（10条1項）の提示を求めて見ることができる。

そこで代理権が消滅した後も終了の登記がなされない状態の間に，登記を信頼して取引をした者を保護する必要性が生じ，代理権の消滅は，登記をしなければ，善意の第三者に対抗しえない（任意後見契約に関する法律11条）とした。

補助・保佐・後見の制度の概要

		補助開始の審判	保佐開始の審判	後見開始の審判
要件	〈対象者〉（判断能力）	精神上の障害（痴呆・知的障害・精神障害等）により事理を弁職する能力が不十分な者	精神上の障害により事理を弁職する能力が著しく不十分な者	精神上の障害により事理を弁職する能力を欠く常況に在る者
開始の手続	申立権者	本人，配偶者，四親等内の親族，検察官等 任意後見受任者，任意後見人，任意後見監督人 （注）福祉関係の行政機関については，関係省庁等と協議中		
	本人の同意	必　要	不　要	不　要
機関の名称	本　　　人	被補助人	被保佐人	成年被後見人
	保　護　者	補　助　人	保　佐　人	成年後見人
	監　督　人	補助監督人	保佐監督人	成年後見監督人
同意権・取消権	付与の対象	申立ての範囲内で家庭裁判所が定める「特定の法律行為」	民法12条1項各号所定の行為	日常生活に関する行為以外の行為
	付与の手続	補助開始の審判＋同意権付与の審判＋本人の同意	保佐開始の審判	後見開始の審判
	取消権者	本人・補助人	本人・保佐人	本人・成年後見人
代理権	付与の対象	申立ての範囲内で家庭裁判所が定める「特定の法律行為」	同　左	財産に関するすべての法律行為
	付与の手続	補助開始の審判＋代理権付与の審判＋本人の同意	保佐開始の審判＋代理権付与の審判＋本人の同意	後見開始の審判
	本人の同意	必　要	必　要	不　要
責務	身上配慮義務	本人の心身の状態及び生活の状況に配慮する義務	同　左	同　左

出典：法務省民事局参事官室

任意後見制度（公的機関の監督を伴う任意代理制度）の概要

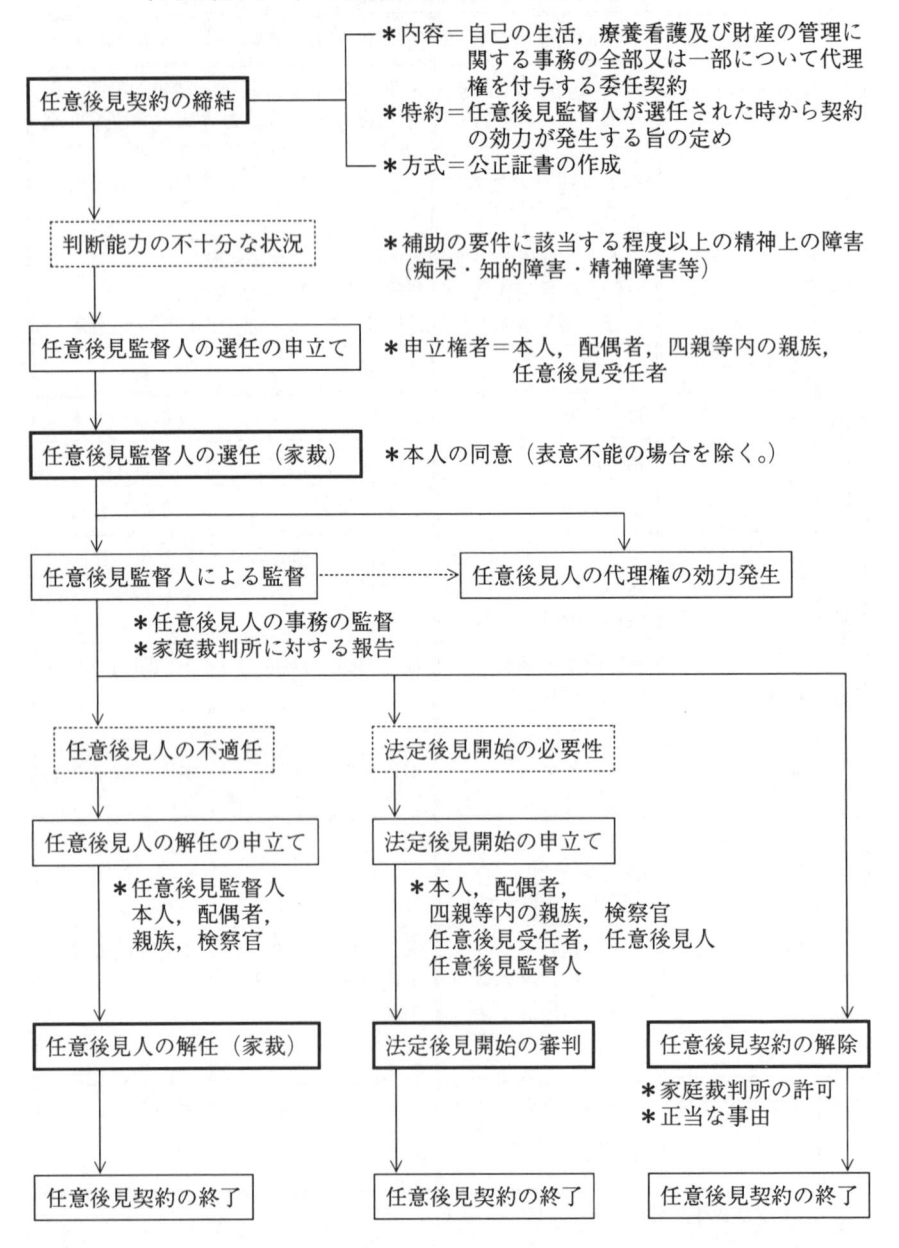

```
任意後見契約の締結 ──┬─ *内容＝自己の生活，療養看護及び財産の管理に
                  │     関する事務の全部又は一部について代理
                  │     権を付与する委任契約
                  ├─ *特約＝任意後見監督人が選任された時から契約
                  │     の効力が発生する旨の定め
                  └─ *方式＝公正証書の作成
        ↓
判断能力の不十分な状況    *補助の要件に該当する程度以上の精神上の障害
                      （痴呆・知的障害・精神障害等）
        ↓
任意後見監督人の選任の申立て  *申立権者＝本人，配偶者，四親等内の親族，
                          任意後見受任者
        ↓
任意後見監督人の選任（家裁）  *本人の同意（表意不能の場合を除く。）
        ↓
任意後見監督人による監督 ┄┄┄→ 任意後見人の代理権の効力発生
        *任意後見人の事務の監督
        *家庭裁判所に対する報告
        ↓                    ↓                        ↓
任意後見人の不適任      法定後見開始の必要性
        ↓                    ↓
任意後見人の解任の申立て   法定後見開始の申立て
 *任意後見監督人         *本人，配偶者，
  本人，配偶者，           四親等内の親族，検察官
  親族，検察官            任意後見受任者，任意後見人
                        任意後見監督人
        ↓                    ↓                        ↓
任意後見人の解任（家裁）   法定後見開始の審判        任意後見契約の解除
                                                  *家庭裁判所の許可
                                                  *正当な事由
        ↓                    ↓                        ↓
任意後見契約の終了        任意後見契約の終了        任意後見契約の終了
```

補助・保佐・後見の制度と任意後見制度の対応関係

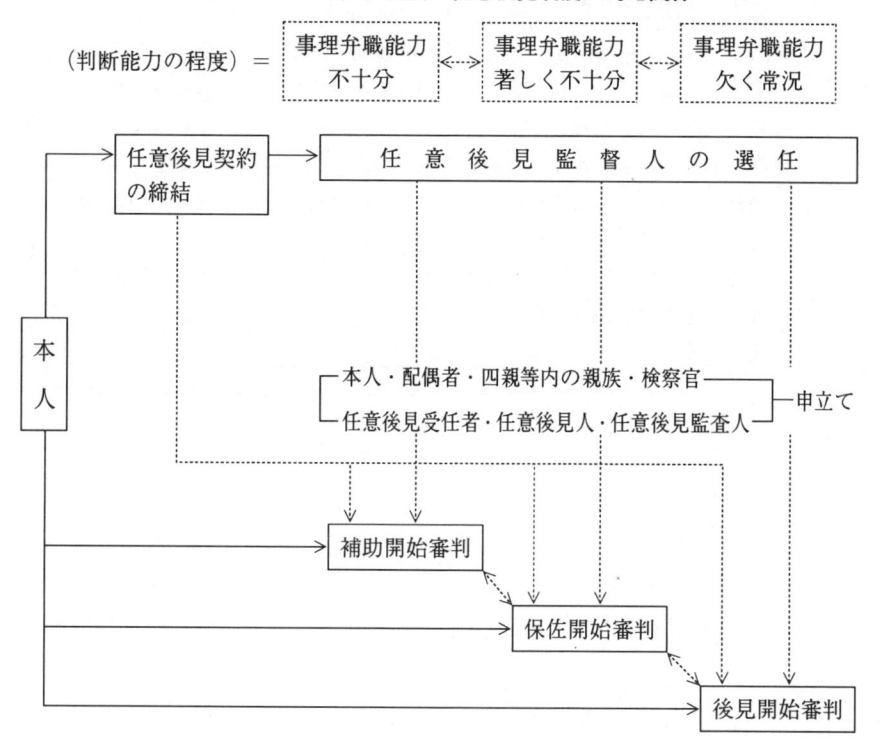

（判断能力の程度）＝ 事理弁職能力不十分 ⇔ 事理弁職能力著しく不十分 ⇔ 事理弁職能力欠く常況

本人 → 任意後見契約の締結 → 任意後見監督人の選任

申立て：
- 本人・配偶者・四親等内の親族・検察官
- 任意後見受任者・任意後見人・任意後見監査人

補助開始審判
保佐開始審判
後見開始審判

> **RESEARCH in DEPTH!**
> - ▶法人が後見人になるケースとして，具体的に想定しうる場合をあげてみよう。自治体の社会福祉協議会が個人の後見人になるとしたら，どんな点が問題になるだろうか。
> - ▶身上監護と財産管理にそれぞれ1人ずつ，複数の後見人が選定された。金銭の支出をともなう身上監護事項で，両後見人間の意見が合わない場合，どちらの決定が優先されるであろうか。
> - ▶任意後見において，任意後見人と本人の利益相反の場合に，任意後見監督人が本人の居住用不動産を処分するには，家庭裁判所の許可を得る必要があるであろうか（参考：859条の3）。

V 扶　　養

> **THEME**
>
> ### 扶養の意味
>
> 1　なぜ法律が問題にするか
> 2　私的扶養と公的扶助

1　なぜ法律が問題にするか

　人間は自らの責任で衣食住を賄う手段を得て生きている。しかし，たとえば乳幼児はもちろん，未だ成長過程にある子ども，病気・障害等で労働のできない人に，「自力で生きよ」ということは不合理である。それでは彼らはいかにして生きていけばよいであろうか。他者の力によらなければならない。
　一般的には関わりのある者，周囲の者が権利義務の意識など持たずに，人間として当然の行為として，情愛をもって，養い，援助している。これで問題なく解決できれば，法律の関わる余地はない。ところが深い情愛を持っていても，周囲の者に援助する資力がないときに，あるいは遠縁の者しかいないときに，強制的に援助するよう命ずることができるであろうか。場合によっては国や自治体等，家族や親族の範囲を超えたところで負担を負わなければならない場合もある。
　このように日常の，情緒的レベルで解決できないときのために，ある種の規範が必要となり，わが国の現行法では，民法第4編第6章「扶養」において，一定の身分関係のある者に扶養を義務づけているのである。

2 私的扶養と公的扶助

　人間が生きていく以上，どの時代，どの地域でも自力で生きながらえない人間が出てくるのは必然である。したがって人が人の面倒を見るということは，時代を超え，地域を超えて存在し，そのための規範も，それぞれに存在していた。地域社会で支えた実例は，世界中で古くも，また現在も存在している。

　しかし現在多くの場合，国や公共団体が行う公的財源での救済は，財政上の制約もあり，また自力で生きている多くの者との均衡上も，量的にも十分なものとはなりえず，またその性格も，個人レベルでの扶養の補充と位置づけられている。つまり家族や親族などの援助が多ければ，公機関は関わりを求められず，逆に核家族化や少子化で私的援助や扶養が困難になればなるだけ，国などの機関の機能が要請されることになり，まさに両者の綱引き状態である。これが「私的扶養と公的扶助」の問題である。

　公的扶助の中核ともいうべき生活保護法は，民法上の扶養義務者による扶養や他の法の適用（医療保護や所得による税の特別措置など）を優先し，それでもなお必要な場合にのみ，最終的生活保障として適用されている。

　つまり民法の扶養原則は，家族や親族の中の相互扶助機能はどこまでかという，家族の本質に関わる問題でありながら，現実的側面では政策的配慮も無視しえない状況もあり，私法と公法，あるいは社会法のせめぎあう場面でもある。

COLUMN

江戸時代の扶養

　江戸本所元町に住んでいた鍛冶屋伝八の子権太郎は，11歳の頃，別の鍛冶屋のもとに弟子奉公に出たが，父伝八が老いて病気となったので主人に頼んで父の家に戻り父を看取った。その後母も歩行不能となり，さらに目の病気となったおじも引き取って，自分の人生や楽しみをさておいて，二人の世話をした。ひたすら母やおじにつかえたとして，後に権太郎は褒美銀を受けた。

　　　　　菅野則子「江戸時代庶民の養育」（奥山他編『扶養と相続』より）．

THEME

民法上の扶養制度

1 扶養の権利と義務の発生
2 扶養義務の種類
3 扶養の当事者
4 扶養の順位・程度・方法
5 事情の変更
6 過去の扶養料・立て替え扶養料

1 扶養の権利と義務の発生

　私的扶養の当事者には，さまざまな関係性が考えられる。本質的に無条件に義務性が強いのは，子どもを養育する親の義務である。親となった以上，子どもを育てることは放棄しえない絶対的義務である。
　しかし子どもが何歳になるまでその義務が続くか，という議論は妥当ではない。大人として扱われる年齢は社会構造によって異なる。わが国は先進国の中でも成人年齢が遅く，したがって法的にも20歳に満たないものを未成年として，成人とは異なる扱いをする場面があるが，未成年者がすべて親に扶養される対象ではない。また大学を卒業するまで親が経済的負担を負うケースが一般化しているが，これを法的責任とすることはできないことは論をまたない。
　民法上の扶養義務は，法律が履行を強制しうる最低限の義務である。しかし現行民法は扶養の権利義務の発生要件を規定してはいない。一定の親族的身分関係がある場合に，要扶養者（扶養を受けることを必要としている者）の需要と，義務者の扶養可能状態があることで発生する。具体的には要扶養者から義務者に請求し，両者の協議がまとまらないとき，調停を行い，これが不調あるいは不能のときに，申立てにもとづいて家庭裁判所が審判を行って，ここではじめて権利義務の当事者が特定され，具体的権利義務の内容が確定する。
　扶養の権利義務は，法定の親族関係をもとにした身分的権利義務であり，一

身専属権である。つまり当事者以外の者が代わりに行使・履行できない。また生存を目的とすることから，処分することはできない（881条）。したがって相殺に適さず，譲渡もできず，当事者のいずれかの死亡によって消滅する（896条但書）。

2　扶養義務の種類

　民法が規定する扶養義務は，夫婦（752条），直系血族・兄弟姉妹（877条1項），さらに特別の事情がある場合は三親等内の親族（同条2項）に及ぶ。

　ところでこの中には2種類の異なる性質のものが含まれるという考え方がある。一つは夫婦が相互に扶養し合い，親が未成熟の子を養うもので，本来家族として生活を共にするものの必然的義務で，扶養することが身分関係の本質的不可欠的要素となっているもので，これを"生活保持義務"とよぶ。

　これに対し，親と成人した子，祖父母と孫，兄弟姉妹など，保持義務以外の関係の扶養義務は，本来生活の単位を異にする親族が，偶発的，一時的，例外的に負うもので，これを"生活扶助義務"とよぶ。

　この二つの義務は性質が異なり，保持義務は自分と同程度の生活を相手にもさせる義務であり，他方扶助義務は義務者が自分の相応な生活をして，なお余裕がある場合にのみ，経済的に扶助する義務と説明されている。

　この説は夫婦と未成熟の子で形成される家族が社会の基本的核であり，他と区別される必要があるとし，その法的根拠として752条と877条1項を挙げ，扶助義務の根拠は877条2項以下が根拠となるというもので，現在も家庭裁判所の審判はこの説に依拠している。

　ただしこの説に対しては，両者の差は本質的なものではなく，相対的，量的差にすぎないとし，この二つの義務の間に無限の，多様な扶養義務があるとする説も有力に主張されている。

3　扶養の当事者

　民法上扶養義務を負うのは，

1 夫婦は相互に（752条，760条）。婚姻の効果として，夫婦共同生活の本質に依拠する義務。生活保持義務。婚姻費用分担義務の根拠となる。
2 直系血族・兄弟姉妹（877条1項）。親子，祖父母と孫などが相互に負う。実親子と養親子を問わない。嫡出・非嫡出を問わない。
　兄弟姉妹については，全血（父母ともに同じ場合），半血（父母の一方だけが共通）ともに含まれ，養子と養親の実親，同一の養親の養子どうしも含まれる。
3 特別の事情あるときは，三親等内の親族。おじおば，おいめい等の傍系も，配偶者の親や，兄弟姉妹の配偶者等も入る。
　私的扶養から公的扶助へ移行すべき現状で，特別な事情は限定的に解されなければならない。判例も，単に三親等内の親族が扶養能力を有するとの一事をもってこの要件を満たすものと解することはできない，とする審判例がある。

4 扶養の順位・程度・方法

　扶養をする義務のあるものが複数いて，誰がすべきか，また扶養を受ける権利のあるものが複数いる場合に，扶養を受ける順序はどうするか，さらにどの程度の扶養をどのようにすべきか，こうしたことに当事者間で協議がまとまらないときは，家庭裁判所がいっさいの事情を考慮して定める（878条，879条）。
　扶養関係は当事者間の過去の人間関係なども関わるので，本来は協議で決めることが望ましい。しかし当事者間で決めることができないときのための規範である扶養条項について，何らの基準がなく，家庭裁判所に広く裁量権を与えていることは法的安定性の観点からも問題であろう。
　一般的に保持義務関係と扶助義務関係があれば，保持義務関係が先順位となる。未成熟子に実親と養親がいれば養親が，数度の養子縁組があれば新しい養親が先順位の義務者となる。要扶養者が数人いれば，義務者との過去の扶養関係や過去の財産給付の状況などが加味されて決定される。扶養の程度についても同様である。
　なお保持義務では相手に自分と同程度の生活をさせなければならず，扶助義

務では自分の相応の生活を維持し，なお余裕が生じた限度での扶養とされる。

家庭裁判所が行う扶養料の算定は裁量によるが，一般に生活保護決定の際の保護基準や，標準家計費等の資料が取り込まれている。

扶養方法は引き取り扶養と金銭給付が考えられるが，引き取り扶養は心理的関係等も関わるので，協議が調った場合以外は，金銭給付が原則となる。食料等の給付や建物の無償貸与等も金銭給付の一態様である。扶養料は月払いの定期金が原則である。

5　事情の変更

扶養権利者，義務者とも資力などの事情が変化することがある。そこで協議または審判があった後に事情の変更が生じた場合には，家庭裁判所はその協議または審判の変更または取消ができるとした（880条）。

事情変更にあたる場合として，当事者の病気，失業，就職，財産取得などや，物価の変動などの社会的変化などもあげられる。

6　過去の扶養料・立て替え扶養料

扶養とは，現在困窮状態にある人の生活を支援することであり，過去の扶養ということは，本来は論理矛盾のはずである。しかしたとえば生活に困窮している隣人を見かねて，食料費などを提供していた場合，過去の分は扶養義務者に求償できないことになると不当な結果になる。他方親族が要扶養状態にあったことを知らずにいた間に蓄積した多額の過去の扶養料をさかのぼって請求されるのも，義務者の負担が大きいものになる。

そこで現在は，義務者に苛酷なことにならない範囲で過去の扶養料も請求できると解されている。その手続は，訴訟ではなく審判で，いっさいの事情を考慮して決定される。

前述の隣人（扶養義務のない第三者）はどのような救済を受けられるであろうか。義務者の履行事務の管理として，事務管理（702条）が成立し，また本来義務者が出費すべきであった分について，不当利得（703条）による求償もできる。

この場合は求償請求の通常訴訟として，地裁に提訴する。

【ケース】

扶養義務者が数人いる場合，その間の調整はどうするか。
事例を見てみよう。
〈母と兄夫婦（現に母を扶養）の折り合いが悪い状況で，
　妹が母に同情し，兄夫婦の意に反して母を引き取り，扶養し始めた。〉
- 妹→兄　不当利得返還請求（母の生活費と監護費用の半額）
- 一・二審　妹敗訴（愛情から自発的に扶養した。兄に代わってする意識なし）
- 最高裁　妹勝訴。兄は全面的に義務を免れ，費用を出す義務もなく，妹だけが全費用を負担しなければならないとすると，冷淡なものは常に義務を免れ，情の深い者が常に損をする（最判昭和26・2・13民集5巻3号47頁）。

原則として協議の前提として，あるいは分担決定の申立てとともになされる立替料の求償は，審判で行われる。これとは逆に立替扶養料を金銭債権として独立して求償する場合は，訴訟手続による。

RESEARCH in DEPTH！
- ▶高齢となった親に対し，すでに独立して生計を営んでいる子どもたちは扶養義務を負うか。親に経済力はあるが，介護が必要な場合はどうか。
- ▶親の，未成熟の子に対する扶養義務の根拠を，877条以外におく説について検討しよう。
- ▶親，祖父母，兄弟が家族で経営していた会社が倒産し，結婚して家業から離れていた娘だけがその夫の収入を得て，平均的生活資力を持つ。しかしその資力は親，祖父母，兄弟全員を養うには不足である。この場合の扶養の順位，程度はどのように考えられるだろうか。

資料編

【資料】
民法の一部を改正する法律案要綱

〈書式〉
　出生届
　婚姻届
　離婚届
　養子縁組届
　養子離縁届
　特別養子縁組届
　認知届
　不受理申出
　夫婦関係調停申立書
　家事審判調停申立書（記入例）

〈記入例〉
　妻から夫に対して離婚の調停を求める場合
　1　親権者変更の申立てについて
　2　子の氏の変更許可の申立てについて
　3　保護者選任および順位の申立てについて

民法の一部を改正する法律案要綱

1996年2月16日法制審議会答申

第一　婚姻の成立

一　婚姻適齢
婚姻は，満18歳にならなければ，これをすることができないものとする。
二　再婚禁止期間
1　女は，前婚の解消又は取消しの日から起算して100日を経過した後でなければ，再婚をすることができないものとする。
2　女が前婚の解消又は取消しの日以後に出産したときは，その出産の日から，1を適用しないものとする。

第二　婚姻の取消し

一　再婚禁止期間違反の婚姻の取消し
第一，二に違反した婚姻は，前婚の解消若しくは取消しの日から起算して100日を経過し，又は女が再婚後に懐胎したときは，その取消しを請求することができないものとする。

第三　夫婦の氏

一　夫婦は，婚姻の際に定めるところに従い，夫若しくは妻の氏を称し，又は各自の婚姻前の氏を称するものとする。
二　夫婦が各自の婚姻前の氏を称する旨の定めをするときは，夫婦は，婚姻の際に，夫又は妻の氏を子が称する氏として定めなければならないものとする。

第四　子の氏

一　嫡出である子の氏
嫡出である子は，父母の氏（子の出生前に父母が離婚したときは，離婚の際における父母の氏）又は父母が第三，二により子が称する氏として定めた父若しくは母の氏

二　養子の氏

　1　養子は，養親の氏（氏を異にする夫婦が共に養子をするときは，養親が第三，二により子が称する氏として定めた氏）を称するものとする。

　2　氏を異にする夫婦の一方が配偶者の嫡出である子を養子とするときは，養子は，1にかかわらず，養親とその配偶者が第三，二により子が称する氏として定めた氏を称するものとする。

　3　養子が婚姻によって氏を改めた者であるときは，婚姻の際に定めた氏を称すべき間は，1，2を適用しないものとする。

　三　子の氏の変更

　1　子が父又は母と氏を異にする場合には，子は，家庭裁判所の許可を得て，戸籍法の定めるところにより届け出ることによって，その父又は母の氏を称することができるものとする。ただし，子の父母が氏を異にする夫婦であって子が未成年であるときは，父母の婚姻中は，特別の事情があるときでなければ，これをすることができないものとする。

　2　父又は母が氏を改めたことにより子が父母と氏を異にする場合には，子は，父母の婚姻中に限り，1にかかわらず，戸籍法の定めるところにより届け出ることによって，その父母の氏又はその父若しくは母の氏を称することができるものとする。

　3　子の出生後に婚姻をした父母が氏を異にする夫婦である場合において，子が第三，二によって子が称する氏として定められた父又は母の氏と異なる氏を称するときは，子は，父母の婚姻中に限り，1にかかわらず，戸籍法の定めるところにより届け出ることによって，その父又は母の氏を称することができるものとする。ただし，父母の婚姻後に子がその氏を改めたときは，この限りでないものとする。

　4　子が15歳未満であるときは，その法定代理人が，これに代わって，1から3までの行為をすることができるものとする。

　5　1から4までによって氏を改めた未成年の子は，成年に達した時から1年以内に戸籍法の定めるところにより届け出ることによって，従前の氏に復することができるものとする。

第五　夫婦間の契約取消権

　第754条の規定は，削除するものとする。

第六　協議上の離婚

一　子の監護に必要な事項の定め

1　父母が協議上の離婚をするときは，子の監護をすべき者，父又は母と子との面会及び交流，子の監護に要する費用の分担その他の監護について必要な事項は，その協議でこれを定めるものとする。この場合においては，子の利益を最も優先して考慮しなければならないものとする。

2　1の協議が調わないとき，又は協議をすることができないときは，家庭裁判所が，1の事項を定めるものとする。

3　家庭裁判所は，必要があると認めるときは，1又は2による定めを変更し，その他の監護について相当な処分を命ずることができるものとする。

4　1から3までは，監護の範囲外では，父母の権利義務に変更を生ずることがないものとする。

二　離婚後の財産分与

1　協議上の離婚をした者の一方は，相手方に対して財産の分与を請求することができるものとする。

2　1による財産の分与について，当事者間に協議が調わないとき，又は協議をすることができないときは，当事者は，家庭裁判所に対して協議に代わる処分を請求することができるものとする。ただし，離婚の時から2年を経過したときは，この限りでないものとする。

3　2の場合には，家庭裁判所は，離婚後の当事者間の財産上の衡平を図るため，当事者双方がその協力によって取得し，又は維持した財産の額及びその取得又は維持についての各当事者の寄与の程度，婚姻の期間，婚姻中の生活水準，婚姻中の協力及び扶助の状況，各当事者の年齢，心身の状況，職業及び収入その他一切の事情を考慮し，分与させるべきかどうか並びに分与の額及び方法を定めるものとする。この場合において，当事者双方がその協力により財産を取得し，又は維持するについての各当事者の寄与の程度は，その異なることが明らかでないときは，相等しいものとする。

第七　裁判上の離婚

一　夫婦の一方は，次に掲げる場合に限り，離婚の訴えを提起することができるものとする。ただし，①又は②に掲げる場合については，婚姻関係が回復の見込みのな

い破綻(たん)に至っていないときは，この限りでないものとする。
① 配偶者に不貞な行為があったとき。
② 配偶者から悪意で遺棄されたとき。
③ 配偶者の生死が3年以上明らかでないとき。
④ 夫婦が5年以上継続して婚姻の本旨に反する別居をしているとき。
⑤ ③，④のほか，婚姻関係が破綻して回復の見込みがないとき。

　二　裁判所は，一の場合であっても，離婚が配偶者又は子に著しい生活の困窮又は耐え難い苦痛をもたらすときは，離婚の請求を棄却することができるものとする。④又は⑤の場合において，離婚の請求をしている者が配偶者に対する協力及び扶助を著しく怠っていることによりその請求が信義に反すると認められるときも同様とするものとする。

　三　第770条第2項を準用する第814条第2項（裁判上の離縁における裁量棄却条項）は，現行第770条第2項の規定に沿って書き下ろすものとする。

第八　失踪宣告による婚姻の解消

　一　夫婦の一方が失踪の宣告を受けた後他の一方が再婚をしたときは，再婚後にされた失踪の宣告の取消しは，失踪の宣告による前婚の解消の効力に影響を及ぼさないものとする。

　二　一の場合には，前婚による姻族関係は，失踪の宣告の取消しによって終了するものとする。ただし，失踪の宣告後その取消し前にされた第728条第2項（姻族関係の終了）の意思表示の効力を妨げないものとする。

　三　第751条（生存配偶者の復氏等）の規定は，一の場合にも，適用するものとする。

　四　第六，一及び二は一の場合について，第769条（祭具等の承継）の規定は二本文の場合について準用するものとする。

第九　失踪宣告の取消しと親権

　一　父母の婚姻中にその一方が失踪の宣告を受けた後他の一方が再婚をした場合において，再婚後に失踪の宣告が取り消されたときは，親権は，他の一方がこれを行うものとする。

　二　子の利益のため必要があると認めるときは，家庭裁判所は，子の親族の請求に

よって，親権者を他の一方に変更することができるものとする。

第十　相続の効力

嫡出でない子の相続分は，嫡出である子の相続分と同等とするものとする。

第十一　戸籍法の改正

民法の改正に伴い，戸籍法に所要の改正を加えるものとする。

第十二　経過措置

一　婚姻適齢に関する経過措置
　改正法の施行の際満16歳に達している女は，第一，一にかかわらず，婚姻をすることができるものとする。
　二　夫婦の氏に関する経過措置
　1　改正法の施行前に婚姻によって氏を改めた夫又は妻は，婚姻中に限り，配偶者との合意に基づき，改正法の施行の日から1年以内に2により届け出ることによって，婚姻前の氏に復することができるものとする。
　2　1によって婚姻前の氏に復しようとする者は，改正後の戸籍法の規定に従って，配偶者とともにその旨を届け出なければならないものとする。
　3　1により夫又は妻が婚姻前の氏に復することとなったときは，改正後の民法及び戸籍法の規定の適用については，婚姻の際夫婦が称する氏として定めた夫又は妻の氏を第三，二による子が称する氏として定めた氏とみなすものとする。
　三　相続の効力に関する経過措置
　改正法の施行前に開始した相続に関しては，なお，改正前の民法の規定を適用するものとする。
　四　その他本改正に伴う所要の経過措置を設けるものとする。

出 生 届

平成　年　月　日届出

　　　　　長　殿

受理 平成　年　月　日 第　　　　　号	発送 平成　年　月　日	長印
送付 平成　年　月　日 第　　　　　号		
書類調査	戸籍記載	記載調査	調査票	附票	住民票	通知

(1) 生まれた子	子の氏名 (よみかた)	氏　　　　名	父母との続き柄	□嫡出子　　（□男 □女） □嫡出でない子（□男 □女）	
(2)	生まれたとき	平成　年　月　日　□午前 □午後　時　分			
(3)	生まれたところ	番地 番　　号			
(4)	住　所 (住民登録をするところ)	番地 番　　号			
		(よみかた) 世帯主の氏名	世帯主との続き柄		
(5)	父母の氏名 生年月日 (子が生まれたときの年齢)	父	母		
		年　月　日（満　歳）	年　月　日（満　歳）		
(6) 生まれた子の父と母	本　籍 (外国人のときは国籍だけを書いてください)	番地 番			
		筆頭者の氏名			
(7)	同居を始めたとき	年　　月　（結婚式をあげたとき，または，同居を始めたときのうち早いほうを書いてください）			
(8)	子が生まれたときの世帯のおもな仕事と	□1．農業だけまたは農業とその他の仕事を持っている世帯 □2．自由業・商工業・サービス業等を個人で経営している世帯 □3．企業・個人商店等（官公庁は除く）の常用勤労者世帯で勤め先の従業者数が1人から99人までの世帯（日々または1年未満の契約の雇用者は5） □4．3にあてはまらない常用勤労者世帯及び会社団体の役員の世帯（日々または1年未満の契約の雇用者は5） □5．1から4にあてはまらないその他の仕事をしている者のいる世帯 □6．仕事をしている者のいない世帯			
(9)	父母の職業	(国勢調査の年・平成　年．4月1日から翌年3月31日までに子が生まれたときだけ書いてください) 父の職業　　　　　　　　　　　母の職業			

その他

届出人	□1．父 □2．法定代理人（　　　）□3．同居者 □4．医師 □5．助産婦 □6．その他の立会者 □7．公設所の長		
	住所	番地 番　　号	
	本籍	番地 番	筆頭者の氏名
	署名　　　　　　　　　　　印　　　　　　　年　月　日生		

事件簿番号

連絡先	電話（　）　　　番
	自宅・勤務先・呼出　　　方

出 生 証 明 書

記入の注意

鉛筆や消えやすいインキで書かないでください。

子が生まれた日からかぞえて14日以内に出してください。

届書は、1通でさしつかえありません。

子の名は、常用漢字、人名用漢字、かたかな、ひらがなで書いてください。

よみかたは、戸籍には記載されません。住民票の処理上必要ですから書いてください。

□には、あてはまるものに☑のようにしるしをつけてください。

→ 筆頭者の氏名には、戸籍のはじめに記載されている人の氏名を書いてください。

→ 子の父または母が、まだ戸籍の筆頭者となっていない場合は、新しい戸籍がつくられますので、この欄に希望する本籍を書いてください。

→ 届出人は、原則として子の父または母です。届出人が署名押印したあと届書を持参する方は親族、その他の方でもかまいません。

◎母子健康手帳と届出人の印をご持参ください。

記入の注意

夜の12時は「午前0時」、昼の12時は「午後0時」と書いてください。

体重及び身長は、立会者が医師又は助産婦以外の者で、わからなければ書かなくてもかまいません。

この母の出産した子の数は、当該母又は家人などから聞いて書いてください。

この出生証明書の作成者の順序は、この出生の立会者が例えば医師・助産婦ともに立ち会った場合には医師が書くように1、2、3の順序に従って書いてください。

子 の 氏 名				男女の別	1男　2女	
生まれたとき	平成　年　月　日			午前　　時　分 午後		
(10) 出生したところ及びその種別	出生したところの種別	1病院　2診療所　3助産所 4自宅　5その他				
	出生したところ			番地 番　号		
	(出生したところの種別1～3) 施設の名称					
(11) 体重及び身長	体重	グラム	身長	センチメートル		
(12) 単胎・多胎の別	1単胎　2多胎（　子中第　子）					
(13) 母の氏名				妊娠週数	満　週　日	
(14) この母の出産した子の数	出生子（この出生子及び出生後死亡した子を含む）				人	
	死産児（妊娠満22週以後）				胎	
(15) 1 医　　師 2 助 産 婦 3 そ の 他	上記のとおり証明する。 平成　年　月　日 (住所) 番地 番　号 (氏名)　　　　　　　印					

婚姻届

平成　年　月　日届出

　　　　長　殿

受理	平成　年　月　日					発送	平成　年　月　日	
第　　　　号								長印
送付	平成　年　月　日							
第　　　　号								
書類調査	戸籍記載	記載調査	調査票	附票	住民票	通知		

		夫になる人	妻になる人
(1)	氏　名 (よみかた)	氏　　　名	氏　　　名
	生年月日	年　月　日	年　月　日
(2)	住　所 (住民登録をしているところ) (よみかた)	番地 　　　　番　号 世帯主の氏名	番地 　　　　番　号 世帯主の氏名
(3)	本　籍 (外国人のときは国籍だけを書いてください)	番地 　　　　番 筆頭者の氏名	番地 　　　　番 筆頭者の氏名
	父母の氏名 父母との続き柄 (他の養父母はその他の欄に書いてください)	父　　　　　続き柄 母　　　　　　男	父　　　　　続き柄 母　　　　　　女
(4)	婚姻後の夫婦の氏・新しい本籍	□夫の氏　□妻の氏　新本籍(左の□の氏の人がすでに戸籍の筆頭者となっているときは書かないでください) 　　　　　　　　　　　　　　　　　　　　　　　　　　番地 　　　　　　　　　　　　　　　　　　　　　　　　　　番
(5)	同居を始めたとき	年　月　(結婚式をあげたとき、または、同居を始めたときのうち早いほうを書いてください)
(6)	初婚・再婚の別	夫 □初婚 □再婚 □死別 □離別 　年　月　日　　妻 □初婚 □再婚 □死別 □離別 　年　月　日
(7)	同居を始める前の夫妻のそれぞれの世帯のおもな仕事と	夫 妻 1．農業だけまたは農業とその他の仕事を持っている世帯 夫 妻 2．自由業・商工業・サービス業等を個人で経営している世帯 夫 妻 3．企業・個人商店等(官公庁は除く)の常用勤労者世帯で勤め先の従業者数が1人から99人までの世帯(日々または1年未満の契約の雇用者は5) 夫 妻 4．3にあてはまらない常用勤労者世帯及び会社団体の役員の世帯(日々または1年未満の契約の雇用者は5) 夫 妻 5．1から4にあてはまらないその他の仕事をしている者のいる世帯 夫 妻 6．仕事をしている者のいない世帯
(8)	夫妻の職業	(国勢調査の年・平成　　年の4月1日から翌年3月31日までに届出をするときだけ書いてください) 夫の職業　　　　　　　　　　妻の職業
	その他	
	届出人 署名押印	夫　　　　　　　印　　　　妻　　　　　　　印

事件簿番号		住所を定めた年月日		連絡先	電話(　　)　　　番 自宅・勤務先・呼出　　　方
		夫	年　月　日		
		妻	年　月　日		

記入の注意

鉛筆や消えやすいインキで書かないでください。
この届は、あらかじめ用意して、結婚式をあげる日または同居を始める日に出すようにしてください。その日が日曜日や祝日でも届けることができます。(この場合、宿直等で取扱うので、前日までに、戸籍担当係で下調べをしておいてください。)
届書は、1通でさしつかえありません。
この届書を本籍地でない役場に出すときは、戸籍抄本(謄本)が必要ですから、あらかじめ用意してください。

		証	人
署名押印		印	印
生年月日		年　月　日	年　月　日
住所		番地番　号	番地番　号
本籍		番地番	番地番

→ 「筆頭者の氏名」には、戸籍のはじめに記載されている人の氏名を書いてください。

→ 父母がいま婚姻しているときは、母の氏は書かないで、名だけを書いてください。
養父母についても同じように書いてください。

→ □には、あてはまるものに☑のようにしるしをつけてください。
外国人と婚姻する人が、まだ戸籍の筆頭者となっていない場合には、新しい戸籍がつくられますので、希望する本籍を書いてください。

→ 再婚のときは、直前の婚姻について書いてください。
内縁のものはふくまれません。

◎署名は必ず本人が自署してください。
◎印は各自別々の印を押してください。
◎届出人の印をご持参ください。

離 婚 届

	受理 平成　年　月　日		発送 平成　年　月　日	
	第　　　　号			長印
平成　年　月　日届出	送付 平成　年　月　日			
	第　　　　号			
長　殿	書類調査	戸籍記載	記載調査	調査票	附票	住民票	通知

		夫	妻
(1)	（よみかた） 氏　名	氏　　　　名	氏　　　　名
	生年月日	年　　月　　日	年　　月　　日
	住　所 （住民登録をして いるところ） （よみかた）	番地 番　号	番地 番　号
		世帯主 の氏名	世帯主 の氏名
(2)	本　籍 （外国人のときは 国籍だけを書い てください）	番地 番	
		筆頭者 の氏名	
	父母の氏名 父母との続き柄 （他の養父母は その他の欄に 書いてください）	夫の父　　　　　続き柄 　　母　　　　　　男	妻の父　　　　　続き柄 　　母　　　　　　女
(3)(4)	離婚の種別	□協議離婚 □調停　　年　月　日成立	□審判　　年　月　日確定 □判決　　年　月　日確定
	婚姻前の氏に もどる者の本籍	□夫　　は　□もとの戸籍にもどる □妻　　　　□新しい戸籍をつくる	
		番地 番	（よみかた） 筆頭者 の氏名
(5)	未成年の子の 氏　　名	夫が親権 を行う子	妻が親権 を行う子
(6)(7)	同居の期間	年　　月　から （同居を始めたとき）	年　　月　まで （別居したとき）
(8)	別居する前の 住　　所	番地 番　号	
(9)	別居する前の 世帯のおもな 仕事と	□1. 農業だけまたは農業とその他の仕事を持っている世帯 □2. 自由業・商工業・サービス業等を個人で経営している世帯 □3. 企業・個人商店等（官公庁は除く）の常用勤労者世帯で勤め先の従業者数が1人から99人までの世帯（日々または1年未満の契約の雇用者は5） □4. 3にあてはまらない常用勤労者世帯及び会社団体の役員の世帯（日々または1年未満の契約の雇用者は5） □5. 1から4にあてはまらないその他の仕事をしている者のいる世帯 □6. 仕事をしている者のいない世帯	
(10)	夫妻の職業	（国勢調査の年　平成　　年　の4月1日から翌年3月31日までに届出をするときだけ書いてください） 夫の職業	妻の職業
	その他		
	届出人 署名押印	夫 　　　　　　　　　　　印	妻 　　　　　　　　　　　印
	事件簿番号		住所を定めた年月日 夫　　年　月　日 妻　　年　月　日	連絡先	電話（　　）　　　　番 自宅・勤務先・呼出　　　方

記入の注意

鉛筆や消えやすいインキで書かないでください。
筆頭者の氏名欄には，戸籍のはじめに記載されている人の氏名を書いてください。
届書は，1通でさしつかえありません。
この届書を本籍地でない役場に出すときは，戸籍謄本が必要ですから，あらかじめ用意してください。
そのほかに必要なもの　調停離婚のとき➡調停調書の謄本
　　　　　　　　　　　審判離婚のとき➡審判書の謄本と確定証明書
　　　　　　　　　　　判決離婚のとき➡判決書の謄本と確定証明書

証　　　　　人 （協議離婚のときだけ必要です）		
署　　名 押　　印	印	印
生 年 月 日	年　　　月　　　日	年　　　月　　　日
住　　所	番地 番号	番地 番号
本　　籍	番地 番	番地 番

→ 父母がいま婚姻しているときは，母の氏は書かないで，名だけを書いてください。
　養父母についても同じように書いてください。
　□には，あてはまるものに☑のようにしるしをつけてください。

→ 今後も離婚の際に称していた氏を称する場合には，左の欄には何も記載しないでください。
　（この場合にはこの離婚届と同時に別の届書を提出する必要があります。）

→ 同居を始めたときの年月は，結婚式をあげた年月または同居を始めた年月のうち早いほうを書いてください。

◎署名は必ず本人が自署してください。
◎印は各自別々の印を押してください。
◎届出人の印をご持参ください。

養子縁組届

受理	平成　年　月　日	発送	平成　年　月　日
	第　　　　　号		
送付	平成　年　月　日		長印
	第　　　　　号		

平成　年　月　日届出

　　　　　　　長　殿

書類調査	戸籍記載	記載調査	附票	住民票	通知

養子になる人

	（よみかた）	養子　氏　　　　　名	養女　氏　　　　　名
氏　名			
生年月日		年　　月　　日	年　　月　　日
住　所（住民登録をしているところ）	（よみかた）世帯主の氏名	番地　番　号	
本　籍（外国人のときは国籍だけを書いてください）	筆頭者の氏名	番地　番	
父母の氏名父母との続き柄	父　　　　　　　　母	続き柄　男	父　　　　　　　　母	続き柄　女
入籍する戸籍または新しい本籍	□養親の現在の戸籍に入る　□養子夫婦で新しい戸籍をつくる□養親の新しい戸籍に入る　□養子の戸籍に変動がない筆頭者の氏名	番地　番	
監護をすべき者の有無	（養子になる人が十五歳未満のときに書いてください）□届出人以外に養子になる人の監護をすべき□父　□母　□養父　□養母がいる□上記の者はいない		
届出人署名押印		印	印

届出人
（養子になる人が十五歳未満のときに書いてください）

資　格	親権者（□父　□養父）　□後見人　□特別代理人	親権者（□母　□養母）
住　所	番地　番　号	番地　番　号
本　籍	番地　番　筆頭者の氏名	番地　番　筆頭者の氏名
署名押印生年月日	印　　　　年　　月　　日	印　　　　年　　月　　日

連絡先	電話（　　　）　　　　番自宅・勤務先・呼出　　　　方

記入の注意

鉛筆や消えやすいインキで書かないでください。
届書は，1通でさしつかえありません。
この届書を本籍地でない役場に出すときは，戸籍謄本が必要ですから，あらかじめ用意してください。
養子になる人が未成年で養親になる人が夫婦のときは，一緒に縁組をしなければいけません。
養子になる人が未成年のときは，あらかじめ家庭裁判所の許可の審判を受けてください。
養子になる人が十五歳未満のときは，その法定代理人が署名押印してください。また，その法定代理人以外に監護をすべき者として父又は母（養父母を含む。）が定められているときは，その者の同意が必要です。
筆頭者の氏名欄には，戸籍のはじめに記載されている人の氏名を書いてください。

	養親になる人	
氏名（よみかた）	養父 氏　名	養母 氏　名
生年月日	年　月　日	年　月　日
住所（住民登録をしているところ）	番地／番号　　世帯主の氏名（よみかた）	
本籍（外国人のときは国籍だけを書いてください）	番地／番　　筆頭者の氏名	
その他		
新しい本籍（養親になる人が戸籍の筆頭者およびその配偶者でないときは，ここに新しい本籍を書いてください）	番地／番	
届出人署名押印	養父　　　　　　　印	養母　　　　　　　印

	証人	
署名押印	印	印
生年月日	年　月　日	年　月　日
住所	番地／番号	番地／番号
本籍	番地／番	番地／番

養子離縁届

平成　年　月　日届出

長　殿

受理　平成　年　月　日　第　　　号
発送　平成　年　月　日　　　　　長印
送付　平成　年　月　日　第　　　号

書類調査　戸籍記載　記載調査　附票　住民票　通知

	養	子
氏　名（よみかた）	養子　氏　　　名	養女　氏　　　名
生年月日	年　月　日	年　月　日
住所（住民登録をしているところ）（よみかた）世帯主の氏名	番地　番　号	
本籍（外国人のときは国籍だけを書いてください）筆頭者の氏名	番地　番	
父母の氏名　父母との続き柄	父　　　　　　　続き柄 母　　　　　　　男	父　　　　　　　続き柄 母　　　　　　　女
離縁の種別	□協議離縁　□審判　年　月　日確定 □調停　年　月　日成立　□判決　年　月　日確定 □死亡した者との離縁　年　月　日許可の審判確定	
	□もとの戸籍にもどる　□新しい戸籍をつくる　□養子の戸籍に変動がない	
離縁後の本籍	（よみかた） 　　　番地　筆頭者 　　　番　　の氏名	
届出人署名押印	印	印

届　出　人
（離縁する養子が十五歳未満のときに書いてください）

資格	離縁後の親権者（□父　□養父）□後見人	離縁後の親権者（□母　□養母）
住所	番地　番　号	番地　番　号
本籍	番地　筆頭者 　　　番　　の氏名	番地　筆頭者 　　　番　　の氏名
署名押印	印	印
生年月日	年　月　日	年　月　日

連絡先　電話（　　）　　　番
自宅・勤務先・呼出　　　方

記入の注意

鉛筆や消えやすいインキで書かないでください。
届書は、1通でさしつかえありません。
この届書を本籍地でない役場に出すときは、戸籍謄本が必要ですから、あらかじめ用意してください。
養子が十五歳未満のときは、離縁後に法定代理人となる人が署名押印してください。
筆頭者の氏名欄には、戸籍のはじめに記載されている人の氏名を書いてください。
裁判離縁、死亡した者との離縁のときは、次のものが必要です。
　調停離縁→調停調書の謄本　　　　判決離縁→判決書の謄本と確定証明書
　審判離縁→審判書の謄本と確定証明書　死亡した者との離縁→許可の審判書の謄本と確定証明書

	養	親
氏　名 (よみかた)	養父 氏　　名	養母 氏　　名
生年月日	年　月　日	年　月　日
住　所 (住民登録をしているところ)		番地／番号
世帯主の氏名 (よみかた)		
本　籍 (外国人のときは国籍だけを書いてください)		番地／番
筆頭者の氏名		
そ の 他		
届出人署名押印	養父　　　　　印	養母　　　　　印

証　人

（協議離縁または死亡した者との離縁のときだけ必要です）

署名押印	印	印
生年月日	年　月　日	年　月　日
住　所	番地／番号	番地／番号
本　籍	番地／番	番地／番

特別養子縁組届

平成　年　月　日届出

　　　　　長 殿

受理 平成　年　月　日	発送 平成　年　月　日	
第　　　号		長印
送付 平成　年　月　日		
第　　　号		
書類調査	戸籍記載	記載調査	附票	住民票	通知

		養子になる人	
(1)	（よみかた）		
	氏　名	氏　　　　　　　　　　名	
	生年月日	年　　　月　　　日	
(2)	住　所（住民登録をしているところ）		番地番　号
		（よみかた）世帯主の氏名	
(3)	本　籍（外国人のときは国籍だけを書いてください）		番地番
		筆頭者の氏名	
(4)	父母の氏名	父	続き柄 □男
	父母との続き柄	母	□女
(5)	審判確定の年月日	年　　　月　　　日	
(6)	養父母との続き柄	男　　　　　　　　　女	
	入籍する戸籍または新しい本籍	□(3)の本籍と同一の場所に新戸籍をつくった後下記養親の現在の戸籍に入る □養子の戸籍に変動がない □下記のとおり	
		養親の戸籍　　　　　　　　　　番地 筆頭者　　　　　　　　　　　　番　　の氏名	
	連絡先	電話（　　）　　番 自宅・勤務先呼出　　方	

資料編 131

記入の注意

鉛筆や消えやすいインキで書かないでください。
届書は、1通でさしつかえありません。
この届書を本籍地でない役場に出すときは、戸籍謄本が必要ですから、あらかじめ用意してください。
特別養子縁組についての家庭裁判所の審判書の謄本と確定証明書が必要です。
筆頭者の氏名欄には、戸籍のはじめに記載されている人の氏名を書いてください。

	養親になる人	
（よみかた）		
氏 名	養父 氏　　　　名	養母 氏　　　　名
生年月日	年　　月　　日	年　　月　　日
住　　所 （住民登録をしているところ）	 （よみかた） 世帯主の氏名	番地 番　号
本　　籍 外国人のときは国籍だけを書いてください	 筆頭者の氏名	番地 番
そ の 他		
届出人署名押印	養父　　　　　印	養母　　　　　印

認 知 届

受理 平成　年　月　日	発送 平成　年　月　日
第　　　　　号	
送付 平成　年　月　日	長印
第　　　　　号	

平成　年　月　日届出

　　　　　　　　　長殿

書類調査	戸籍記載	記載調査	附　票	住民票	通　知

	認知される子	認知する父
氏　名	フリガナ　氏　　名　□男 □女	フリガナ　氏　　名
生年月日	年　月　日	年　月　日
住　所 （住民登録をしているところ）	番地 番　　号 世帯主の氏名	番地 番　　号 世帯主の氏名
本　籍 （外国人のときは国籍だけを書いてください）	番地 番 筆頭者の氏名	番地 番 筆頭者の氏名
認知の種別	□任意認知　　　　　　　□審判　　年　月　日確定 □遺言認知（遺言執行者　　□判決　　年　月　日確定 　　　　　　　　　　　　　年　月　日就職）	
子の母	氏名　　　　　　　　　　　　　　　　　年　月　日生 本籍　　　　　　　　　　　　　　　　　番地　番 筆頭者の氏名	
その他	□未成年の子を認知する □成年の子を認知する □死亡した子を認知する □胎児を認知する	
届出人	□父　□その他（　　　　　　　） 住所　　　　　　　　　　　　　　　　番地　番　号 本籍　　　　　　　　　　　　　　　　番地　筆頭者 　　　　　　　　　　　　　　　　　　番　　の氏名 署名　　　　　　　　　　　　㊞　　　年　月　日生	

連絡先　電話（　　　）　　　　番
自宅・勤務先・呼出　　　　　　方

家事審判・調停事件申立書

[申立書フォーム — 申立人・相手方・事件本人・利害関係人の氏名、本籍、住所、連絡先、生年月日、職業等を記入する書式]

主な記載項目:
- 受付印／郵送／準口頭
- 関連事件番号　昭和・平成　年（家）第　号
- 家事審判・調停事件申立書　事件名〔☆　　〕
- 家庭裁判所　御中
- 平成　年　月　日
- 申立人（または法定代理人など）の署名押印または記名押印　㊞
- 予納郵便切手　　円
- 添付書類：申立人の戸籍謄（抄）本　通　　相手方の戸籍謄（抄）本　通
- この欄に収入印紙をはる。1件について
  - 甲類審判　600円
  - 乙類審判　900円
  - 調停　900円
  - （消印しないこと。）

申立人欄／相手方・事件本人・利害関係人など欄：
- 本籍
- 住所（電話・方）
- 連絡先（電話・方）
- 氏名（大正・昭和・平成　年　月　日生　職業）

※ 申立人・相手方・法定代理人・事件本人・利害関係人の区別を記入すること。
☆ この欄には記入しないこと。

	不受理申出				受理 平成　年　月　日					発送 平成　年　月　日			
					受付番号第　　　　　号								
	平成　年　月　日申出				送付 平成　年　月　日							長印	
					受付番号第　　　　　号								
			長殿		書類調査		戸籍調査		不受理申出期間終了日				
									平成　　年　　月　　日				

不受理処分をする届出	届出事件の種別		届	
	氏　　名			
	生年月日	年　　月　　日		年　　月　　日
	住　所 (住民登録をしているところ)	番地 番　　　　　号		番地 番　　　　　号
	本　籍	番地 番		番地 番
		筆頭者 の氏名		筆頭者 の氏名
申出理由		☐届出の意志がなく、届書に署名押印したこともない。 ☐届書に署名押印したが、その後届出の意志をなくした。		
不受理期間 上記届出について不受理の取扱いをする期間		☐本申出受付の日から6箇月間 ☐本申出受付の日から　年　月　日まで （6箇月を超えないようにすること）		
その他				

上記届出が不受理期間中に提出された場合には、これを受理しないようお願いします。

申出人 署名押印		㊞
連絡先 （連絡方法の希望）	電話 希望 （　　　　　　　　　　　　）	

注意事項

1. あなたが届出人でない届出についての不受理申出はできません。

2. この不受理申出書はできるだけ本籍地の市区町村に提出してください。

3. 不受理期間を記載しない場合又は6箇月を超える期間を記載した場合には、不受理期間を6箇月とします。

4. あなたが不受理期間中に転籍した場合には、以後、この申出は転籍地市区町村長に対する申出となります。

5. 不受理の取扱いをすることについて市区町村・法務局から質問又は出頭依頼をする場合がありますので、確実な連絡先を記載してください。

6. 不受理申出の意思を改めた場合には、必ず自分で署名押印した取下書を提出してください。

7. 不受理期間終了後も不受理の取扱いを希望する場合には、改めて申出書を提出してください。提出のない限り、申出の意思をなくしたものとして取り扱います。

夫婦関係調停申立書

受付印	準口頭				関連事件番号 平成　年(家　)第　号

事件名〔☆　　　　〕

家庭裁判所　御中
平成　年　月　日

申立人の署名押印又は記名押印　　㊞

| 収入印紙 | 円 |
| 予納郵便切手 | 円 |

（この欄に収入印紙900円をはる。）
（消印しないこと。）

添付書類	申立人・相手方の戸籍謄(抄)本　　通

		本　籍	
申立人	住　所	（　　　方）〒□□□-□□□	電話(　　局　　番)
	呼出しのための連絡先	（　　　方）〒□□□-□□□	電話(　　局　　番)
	フリガナ 氏　名		明治/大正/昭和　年　月　日生 電話(　　局　　番)
	職　業	勤務先	
相手方	本　籍		
	住　所	（　　　方）〒□□□-□□□	電話(　　局　　番)
	呼出しのための連絡先	（　　　方）〒□□□-□□□	電話(　　局　　番)
	フリガナ 氏　名		明治/大正/昭和　年　月　日生 電話(　　局　　番)
	職　業	勤務先	

☆　この欄には記入しないこと。

申立ての趣旨

円満調整	夫婦関係解消
1　申立人と相手方間の 1婚姻関係/2内縁関係 を円満に調整する。 2　相手方は、申立人と同居する。 3　相手方は、申立人に夫婦関係を維持するための生活費として、毎月金＿＿＿＿円を支払う。 4	1　申立人と相手方は、1離婚/2内縁関係を解消 する。 (1)　未成年の子の親権者を次のように定める。 　　＿＿＿＿＿＿＿＿＿＿＿＿＿＿＿については父。 　　＿＿＿＿＿＿＿＿＿＿＿＿＿＿＿については母。 (2)　相手方は、申立人に未成年の子の養育費として、毎月金＿＿＿＿円を支払う。 (3)　相手方は、申立人に 1財産分与金＿＿＿＿円 2慰謝料金＿＿＿＿円 を支払う。 (4)

申立ての実情

同居を始めた日　昭和/平成　年　月　日	別居をした日　昭和/平成　年　月　日	申立ての動機

(夫婦関係が不和となった事情、その後のいきさつなどを簡単に記入する。)

☆
1　性格があわない
2　異性関係
3　暴力をふるう
4　酒を飲みすぎる
5　性的不満
6　浪費する
7　異常性格
8　病　気
9　精神的に虐待する
10　家族をすててかえりみない
11　家族と折合いが悪い
12　同居に応じない
13　生活費を渡さない
14　そ の 他

(利害関係人として呼び出してもらいたい人、特に希望したいことなどがあったら記入する。)

※　当てはまる番号を○で囲むこと。
☆　当てはまる番号を○で囲み、そのうち最も重要と思うものに◎を付けること。

資料編　137

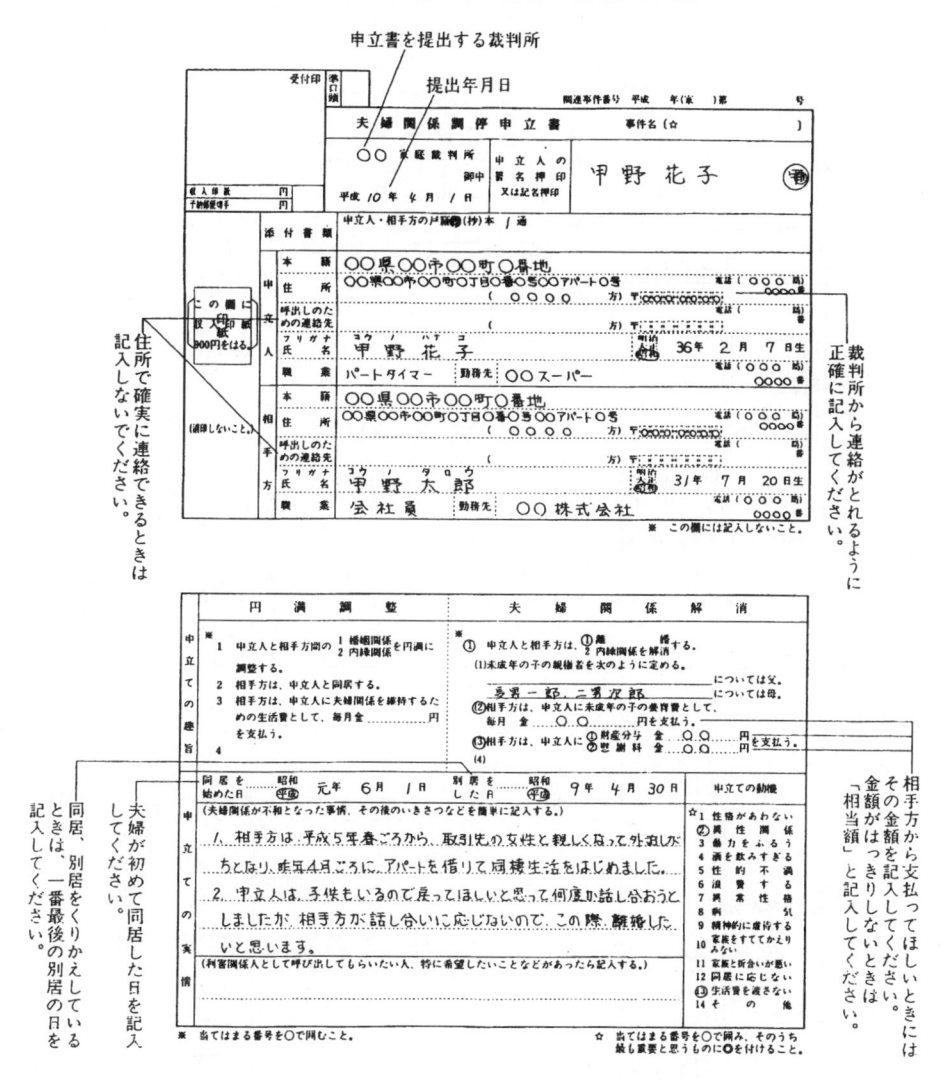

夫婦関係調停申立書の記載例

離婚の調停について

記入例　妻から夫に対して離婚の調停を求める場合

申立書を提出する裁判所 → ○○家庭裁判所　御中　平成10年4月1日

提出年月日

夫婦関係調停申立書

申立人の署名押印又は記名押印：甲野花子　㊞

添付書類：申立人・相手方の戸籍(抄)本　1通

申立人
- 本籍：○○県○○市○○町○番地
- 住所：○○県○○市○○町○丁目○番○号　○○アパート○号
- 呼出しのための連絡先
- フリガナ：コウノ ハナコ
- 氏名：甲野花子
- 昭和36年2月7日生
- 職業：パートタイマー　勤務先：○○スーパー

相手方
- 本籍：○○県○○市○○町○番地
- 住所：○○県○○市○○町○丁目○番○号　○○アパート○号
- 呼出しのための連絡先
- フリガナ：コウノ タロウ
- 氏名：甲野太郎
- 昭和31年7月20日生
- 職業：会社員　勤務先：○○株式会社

※この欄には記入しないこと。

申立ての趣旨

円満調整
1. 申立人と相手方間の {1 婚姻関係を円満に / 2 内縁関係を} 調整する。
2. 相手方は、申立人と同居する。
3. 相手方は、申立人に夫婦関係を継持するための生活費として、毎月金　　　円を支払う。
4.

夫婦関係解消
① 申立人と相手方は、{1 離　　婚 / 2 内縁関係を解消}する。
　(1)未成年の子の親権者を次のように定める。
　　　長男一郎、二男次郎　については父。
　　　　　　　　　　　　　　　　　　　　　　　　　　　　については母。
② 相手方は、申立人に未成年の子の養育費として、毎月　金　　　円を支払う。
③ 相手方は、申立人に｛1 財産分与　金　○○ / 2 慰謝料　金　○○｝円を支払う。

同居を始めた日：昭和元年6月1日
別居した日：平成9年4月30日

申立ての実情
(夫婦関係が不和となった事情、その後のいきさつなどを簡単に記入する。)

1. 相手方は、平成5年春ごろから、取引先の女性と親しくなって外泊がちとなり、昨年4月ごろには、アパートを借りて同棲生活をはじめました。
2. 申立人は、子供もいるので戻ってほしいと思って何度か話し合おうとしましたが、相手方が話し合いに応じないので、この際、離婚したいと思います。

(利害関係人として呼び出してもらいたい人、特に希望したいことなどがあったら記入する。)

申立ての動機
☆ 1 性格があわない
　 2 異性関係
　 3 暴力をふるう
　 4 酒を飲みすぎる
　 5 性的不満
　 6 浪費する
　 7 異常性格
　 8 病気
　 9 精神的に虐待する
　10 家族をすててかえりみない
　11 家族と折合いが悪い
　12 同居に応じない
　13 生活費を渡さない
　14 その他

※ 当てはまる番号を○で囲むこと。
☆ 当てはまる番号を○で囲み、そのうち最も重要と思うものに◎を付けること。

家事調停・審判申立書の記載例

1　親権者変更の申立てについて

記入例　離婚後、子を養育している母が親権者を自分に変更する調停を求める場合

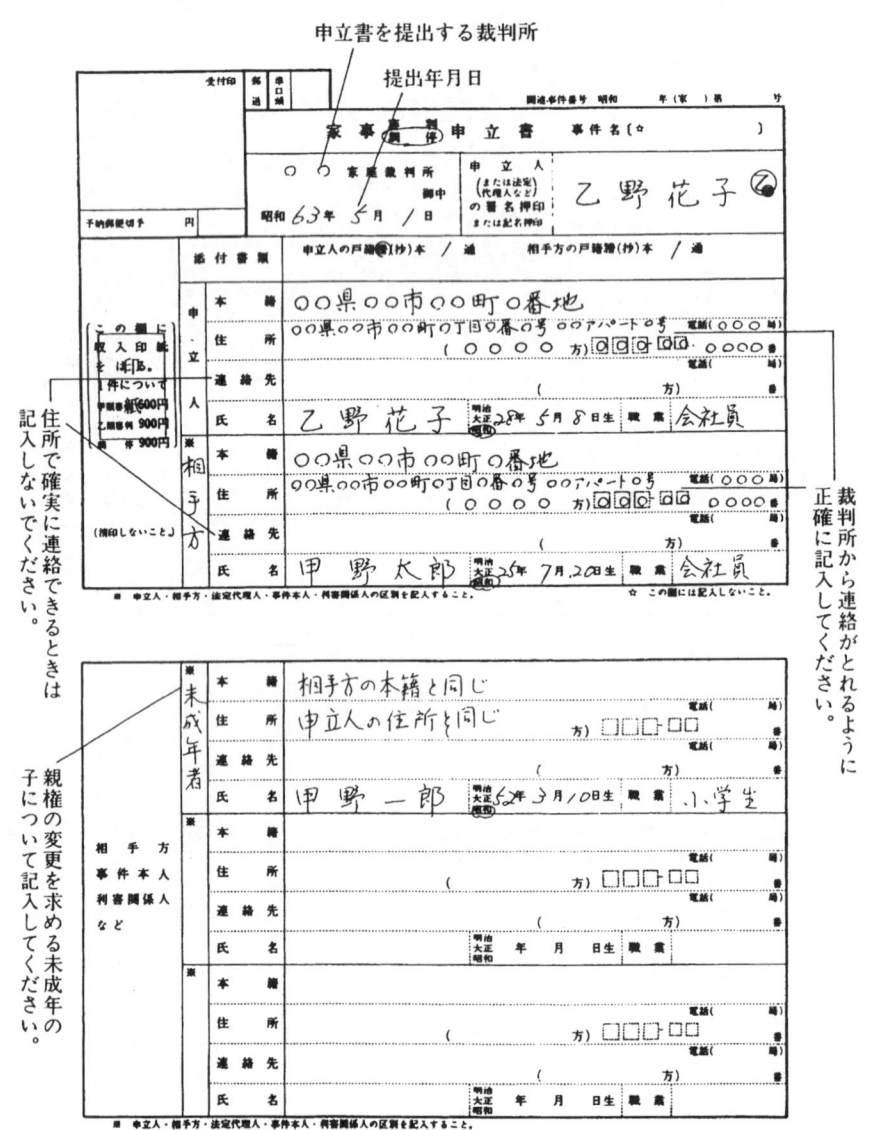

申立書を提出する裁判所
提出年月日

裁判所から連絡がとれるように正確に記入してください。

この欄に収入印紙を貼る。
本件について
調停600円
乙調900円
過停900円

住所で確実に連絡できるときは記入しないでください。

親権の変更を求める未成年の子について記入してください。

申　立　て　の　趣　旨

未成年者甲野一郎の親権者を相手方から申立人に変更する調停を求めます。

申　立　て　の　実　情

1. 申立人と相手方とは、昭和51年3月15日に結婚しました。相手方が酒を飲んで暴力を振るうため、夫婦間に不和を生じ、昭和61年7月15日に協議離婚しました。その際、相手方が子の親権者を自分にしなければ離婚に応じないと強く主張したため、やむなく長男一郎の親権者を相手方と定めました。
2. しかし、相手方は、一郎を全く養育せず、離婚後も申立人が一郎を養育して現在に至っています。
3. 一郎は現在小学6年生で、申立人が親権者でないと中学進学などで何かと不便ですので、この申立てをしました。

（この申立てをするに至ったいきさつや事情をわかりやすく記入してください。）

（親権の変更について相手方が同意しているような事情がある場合には、そのこともこの欄に記入してください。）

2 子の氏の変更許可の申立てについて

記入例1　申立人が15歳以上の場合

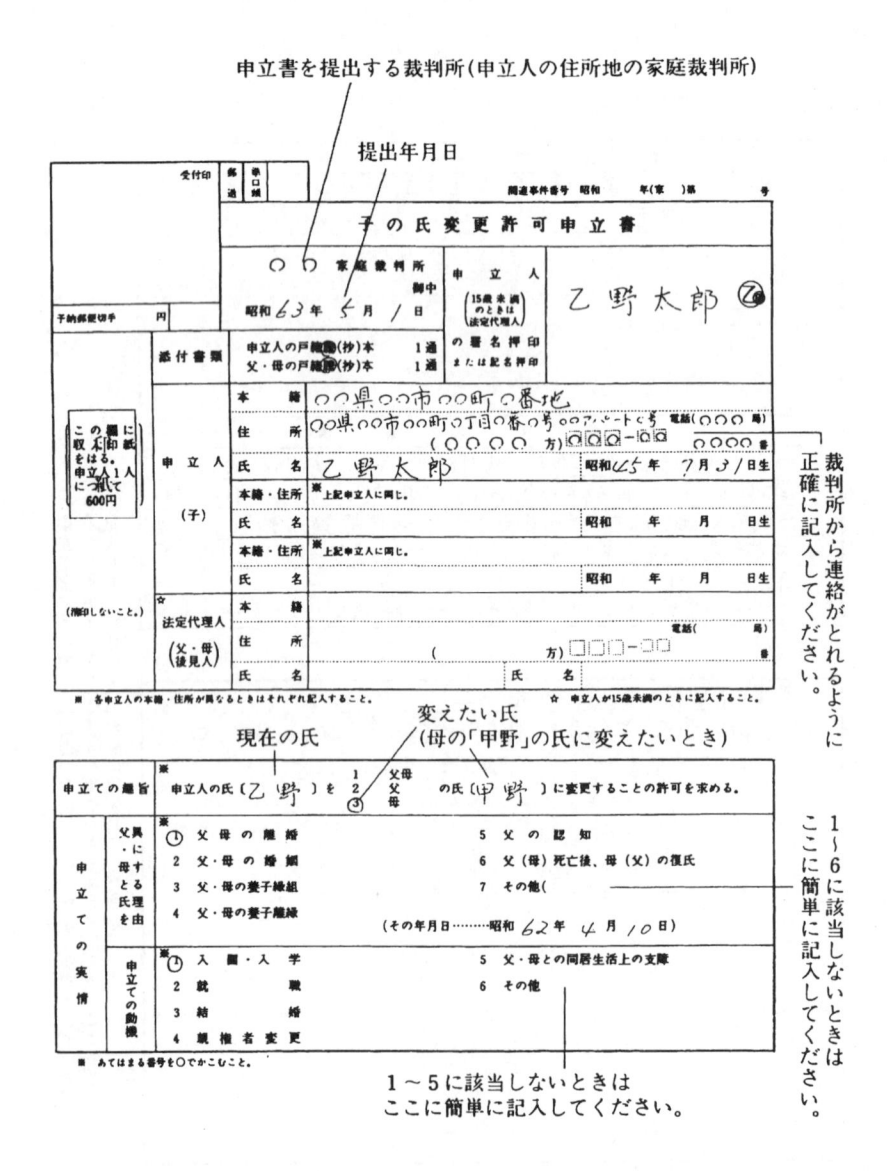

申立書を提出する裁判所（申立人の住所地の家庭裁判所）

提出年月日

子の氏変更許可申立書

受付印／郵便／窓口印／関連事件番号　昭和　年（家）第　号

〇〇家庭裁判所　御中
昭和63年5月1日

申立人（15歳未満のときは法定代理人）の署名押印または記名押印：乙野太郎㊞

予納郵便切手　円

この欄に収入印紙をはる。申立人1人について600円

添付書類：申立人の戸籍謄（抄）本　1通／父・母の戸籍謄（抄）本　1通

申立人（子）
- 本籍：〇〇県〇〇市〇〇町〇番地
- 住所：〇〇県〇〇市〇〇町〇丁目〇番〇号　〇〇アパート〇号　電話（〇〇〇）〇〇〇-〇〇〇〇　（〇〇〇〇）方
- 氏名：乙野太郎　　昭和45年7月31日生
- 本籍・住所：※上記申立人に同じ。
- 氏名：　　　昭和　年　月　日生
- 本籍・住所：※上記申立人に同じ。
- 氏名：　　　昭和　年　月　日生

（捺印しないこと。）

法定代理人（父・母／後見人）
- 本籍：
- 住所：　　（　　方）　電話（　）〇〇〇-〇〇
- 氏名：

※ 各申立人の本籍・住所が異なるときはそれぞれ記入すること。　☆ 申立人が15歳未満のときに記入すること。

裁判所から連絡がとれるように正確に記入してください。

現在の氏　　変えたい氏（母の「甲野」の氏に変えたいとき）

申立ての趣旨
申立人の氏（乙野）を　①父母／②父／③母　の氏（甲野）に変更することの許可を求める。

申立ての実情

申立ての理由（父・母にする氏を異とる）
1. 父母の離婚
2. 父・母の婚姻
3. 父・母の養子縁組
4. 父・母の養子離縁

5. 父の認知
6. 父（母）死亡後、母（父）の復氏
7. その他（　　　　）

（その年月日……昭和62年4月10日）

申立ての動機
1. 入園・入学
2. 就職
3. 結婚
4. 親権者変更

5. 父・母との同居生活上の支障
6. その他

※ あてはまる番号を○でかこむこと。

1～5に該当しないときはここに簡単に記入してください。

1～6に該当しないときはここに簡単に記入してください。

記入例2　申立人が15歳未満の場合

申立書を提出する裁判所（申立人の住所地の家庭裁判所）

提出年月日

子の氏変更許可申立書

○○家庭裁判所　御中
昭和63年5月1日

申立人（15歳未満のときは法定代理人）の署名押印または記名押印：乙野太郎，次郎の法定代理人　甲野花子㊞

添付書類：
申立人の戸籍（抄）本　1通
父・母の戸籍（抄）本　1通

予納郵便切手　円

この欄に収入印紙をはること。申立人1人につき600円

申立人（子）	本籍	○○県○○市○○町○番地
	住所	○○県○○市○○町○丁目○番○号アパート○号室（○○○方）電話（○○○）○○○-○○○○
	氏名	乙野太郎　昭和47年7月31日生
	本籍・住所	※上記申立人に同じ。
	氏名	乙野次郎　昭和52年1月7日生
	本籍・住所	
	氏名	昭和　年　月　日生
法定代理人（父・母・後見人）	本籍	○○県○○市○○町○番地
	住所	上記申立人の住所に同じ。電話（○○○）○○○-○○○○
	氏名	甲野花子　氏名

※各申立人の本籍・住所が異なるときはそれぞれ記入すること。　※申立人が15歳未満のときに記入すること。

現在の氏　　**変えたい氏（母の「甲野」の氏に変えたいとき）**

申立ての趣旨	申立人の氏〔乙野〕を ①②③ 父・母 の氏〔甲野〕に変更することの許可を求める。
申立ての実情	異にする父・母との氏の理由： ①父・母の離婚　5　父の認知 2　父・母の婚姻　6　父（母）死亡後、母（父）の復氏 3　父・母の養子縁組　7　その他（ 4　父・母の養子離縁 （その年月日……昭和62年4月10日）
	申立ての動機： ①入園・入学　5　父・母との同居生活上の支障 2　就　職　6　その他 3　結　婚 4　親権者変更

※あてはまる番号を○でかこむこと。

変更を求める子が数人いるときはこの欄を利用してください。

裁判所から連絡がとれるように正確に記入してください。

1〜6に該当しないときはここに簡単に記入してください。

1〜5に該当しないときはここに簡単に記入してください。

3 保護者選任および順位の申立てについて

記入例1 保護者選任のみの場合

保護者選任申立書

申立書を提出する裁判所／提出年月日

- 家庭裁判所 御中　平成 8 年 4 月 1 日
- 申立人の署名押印または記名押印：乙山花子 ㊞

添付書類：申立人・事件本人の戸籍謄(抄)本各1通　保護者として適任と思われる者の戸籍謄(抄)本1通／住民票抄本1通

申立人
- 本籍：○○県○○市○○町○番地
- 住所：○○県○○市○○町○丁目○番地（○○○○方）電話（○○○）局 ○○○○
- 氏名：乙山花子　大正・昭和34年10月1日生　職業：会社員
- 事件本人との関係：1 直系尊属(父母・祖父母)　2 直系卑属(子・孫)　③兄弟姉妹　4 町村長　5 精神病院の管理者　6 その他

事件本人
- 本籍：○○県○○市○○町○番地
- 住所：○○県○○市○○町○丁目○番地（○○○○方）電話（○○○）局 ○○○○
- 氏名：甲野太郎　大正・昭和3年8月7日生　職業：なし
- 病名：精神分裂病　入院または治療病院名：松竹精神病院

※あてはまる番号を○でかこむこと。

申立ての趣旨：保護者の選任を求める。

申立ての原因
1. 法定の保護者(後見人・配偶者・親権を行う者)がない。
2. 法定の保護者はあるが、その者が下記の者にあたり保護者となれない。
  (1) 行方不明者
  (2) 事件本人と訴訟をした者並びにその配偶者・直系血族
  (3) 家庭裁判所で免ぜられた法定代理人・保佐人
  (4) 破産者
  (5) 禁治産者・準禁治産者
  (6) 未成年者

申立ての動機：事件本人の
① 治療をうけさせるため。
2. 入院の同意を与えるため。
3. (1)優生手術　(2)人工妊娠中絶手術の同意を与えるため。
4. その他（　）

申立ての実情

扶養義務者（配偶者・親権者を除く。）／保護者として適任と思われる者を○でかこむ。

	氏名	住所	年齢	事件本人との関係	職業
①	乙山花子	○○県○○市○○町○丁目○番地○○○○方	36	妹	公務員
2	甲野夏雄	○○県○○市○○町○○番地	30	弟	船員
3	甲野秋夫	○○県○○市○○町○○番地	32	弟	会社員
4					
5					

診断欄
- 患者氏名：甲野太郎
- 病名：精神分裂病
- 診断年月日：平成8年3月19日
- 所属病院名：松竹精神病院
- 診断医氏名印：松竹一郎 ㊞

※あてはまる番号を○でかこむこと。

診断医に直接記入及び押印をしてもらってください。
ただし、別に診断書を添付する場合には記入不要です。

（注記）

- 精神障害者本人につき記入してください。
- 診断欄に記載されている病名を記入してください。
- 扶養義務者とは、精神障害者の父母・子・兄弟姉妹などです。
- 裁判所から連絡がとれるように正確に記入してください。
- 1〜3に該当しないときはここに簡単に記入してください。
- 該当する人を二人以上記入してください。

資料編 143

記入例2 保護者の順位の変更も求める場合

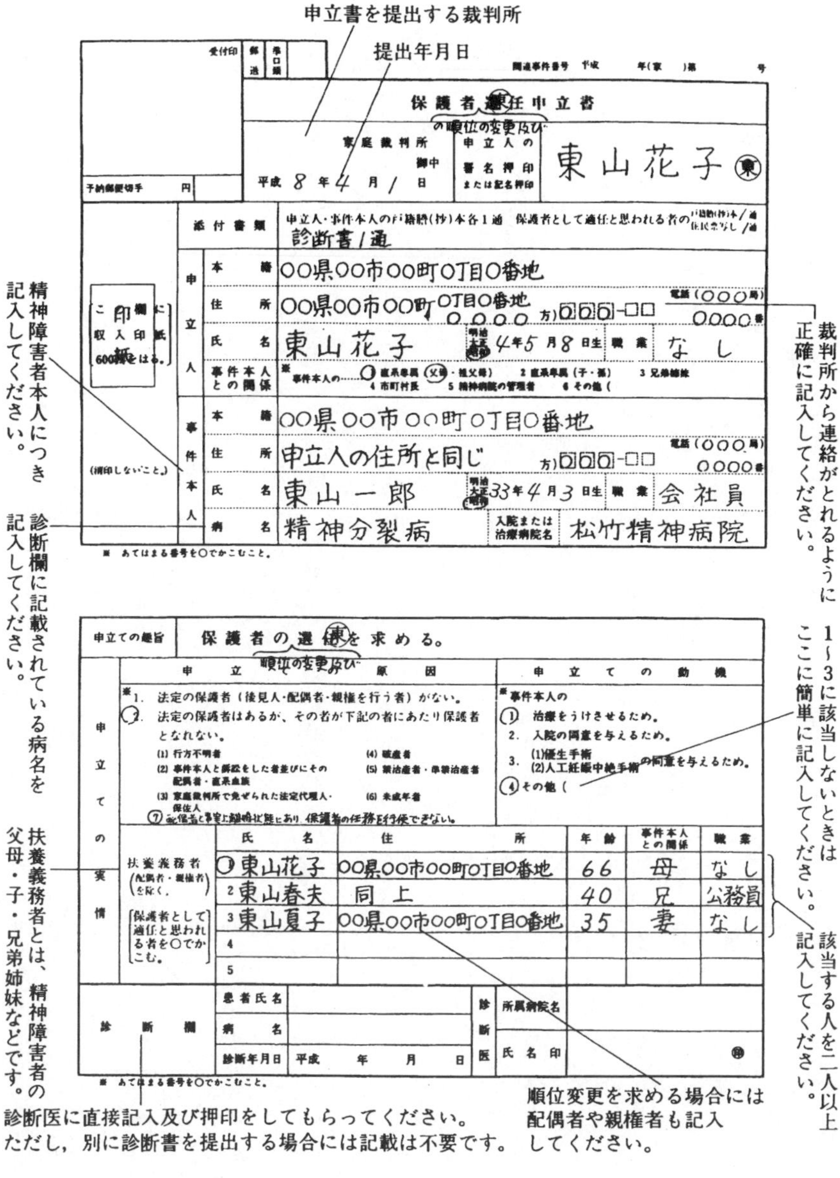

申立書を提出する裁判所
提出年月日

受付印／部通／窓口印

関連事件番号 平成　年(家)第　号

保護者選任申立書
（順位の変更及び申立人の署名押印または記名押印）

家庭裁判所　御中

平成 8 年 4 月 1 日

東山花子 ㊞

予納郵便切手　　円
印欄にこの収入印紙600円分をはる。

添付書類　診断書1通
申立人・事件本人の戸籍謄（抄）本各1通　保護者として適任と思われる者の（戸籍謄抄本／住民票うつし）1通

申立人		
本籍	○○県○○市○○町○丁目○番地	
住所	○○県○○市○○町○丁目○番地　方　電話(○○○)局○○○○	
氏名	東山花子　明治・大正・昭和 4年5月8日生　職業 なし	
事件本人との関係	事件本人の… 1県事専県（父・母） 2県事専県（子・弟） 3兄弟姉妹 4市町村長　5精神病院の管理者　6その他（　）	

事件本人		
本籍	○○県○○市○○町○丁目○番地	
住所	申立人の住所と同じ　方　電話(○○○)局○○○○	
氏名	東山一郎　明治・大正・昭和 33年4月3日生　職業 会社員	
病名	精神分裂病　入院または治療病院名 松竹精神病院	

（捨印しないこと）
※あてはまる番号を○でかこむこと。

申立ての趣旨　保護者の選任（順位の変更及び）を求める。

申立ての実情

原因
※1. 法定の保護者（後見人・配偶者・親権を行う者）がない。
②. 法定の保護者はあるが、その者が下記の者にあたり保護者となれない。
　(1) 行方不明者　(4) 破産者
　(2) 事件本人に対して訴訟をした者並びにその配偶者・直系血族　(5) 禁治産者・準禁治産者
　(3) 家庭裁判所で免ぜられた法定代理人・保佐人　(6) 未成年者
　⑦ 配偶者と事実上離婚状態にあり保護者の任務を行使できない。

申立ての動機
※事件本人の
① 治療をうけさせるため。
2. 入院の同意を与えるため。
3.(1)優生手術
　(2)人工妊娠中絶手術の同意を与えるため。
④ その他（　）

扶養義務者（配偶者・親権者を除く）
保護者として適任と思われる者を○でかこむ

	氏名	住所	年齢	事件本人との関係	職業
①	東山花子	○○県○○市○○町○丁目○番地	66	母	なし
②	東山春夫	同上	40	兄	公務員
③	東山夏子	○○県○○市○○町○丁目○番地	35	妻	なし
4					
5					

診断欄
患者氏名　　　　所属病院名
病名　　　　　　医氏名印
診断年月日 平成　年　月　日　㊞

※あてはまる番号を○でかこむこと。

（左側注記・右側注記、上から下へ）

精神障害者本人につき記入してください。

診断欄に記載されている病名を記入してください。

扶養義務者の父母・子・兄弟姉妹などです。

診断医に直接記入及び押印をしてもらってください。ただし、別に診断書を提出する場合には記載は不要です。

裁判所から連絡がとれるように正確に記入してください。

1〜3に該当しないときはここに簡単に記入してください。

該当する人を二人以上記入してください。

順位変更を求める場合には配偶者や親権者も記入してください。

索　引

あ行

悪意の遺棄	47
家制度	5, 15
意思能力	19
姻族	23
姻族関係終了届	26
追い出し離婚	44
乙類事件	20
親子関係不存在確認	58

か行

仮想婚	34
家庭裁判所	20
家督相続人	15
仮決定及び留保事項	16, 23
監護者	52, 65
管理権喪失	83
偽装婚	34
協議離婚	45
強制認知	60
共同親権	52
協力扶助	39
居所指定権	77
禁治産制度	87
金銭給付	110
具体的離婚原因	47
契約取消権	50
血族	23
後見	89
後見監督人	91
後見制度	91
後見登記等に関する法律	100

甲類事件	20
甲類事項	71
国際婦人年	17
戸主	15
5年別居離婚	46
子の最善の利益	55
婚姻関係終了届	26
婚姻障害事由	32
婚姻適齢期	32
婚姻同意権	19
婚姻費用の分担	40
婚外子	59
婚氏続称	51
婚内子	59

さ行

再婚禁止期間	32
財産管理権	77
財産分与	51
裁判認知	61
裁判離婚	46
祭祀承継	5
自己決定権の尊重	88, 90
死後離縁	69
事実婚	8, 31
自然血族	23
実子	56
失踪宣告	26
指定後見人	88
児童権利条約	55
事務管理	110
重婚禁止	32
準血族	23

準　正・・・・・・・・・・・・・・・・・・・・・・・・・・・62
職業許可権・・・・・・・・・・・・・・・・・・・・・77
女子差別撤廃条約・・・・・・・・・・・・17
親権者変更・・・・・・・・・・・・・・・・・・・・76
親権喪失・・・・・・・・・・・・・・・・・・・・・・・82
親権剥奪・・・・・・・・・・・・・・・・・・・・・・・77
人事訴訟・・・・・・・・・・・・・・・・・・20,47
身上監護・・・・・・・・・・・・・・・・・・・・・・・77
人身保護法・・・・・・・・・・・・・・・・・・・・79
親　族・・・・・・・・・・・・・・・・・・・・・・・・・・23
親族会・・・・・・・・・・・・・・・・・・・・・・・・・・15
親族養子・・・・・・・・・・・・・・・・・・・・・・・64
親　等・・・・・・・・・・・・・・・・・・・・・・・・・・24
審　判・・・・・・・・・・・・・・・・・・・・・・・・・・20
審判前の保全処分・・・・・・・・・・・・79
審判離婚・・・・・・・・・・・・・・・・・・・・・・・46
推定されない嫡出子・・・・・・・・・58
推定の及ばない子・・・・・・・・・・・58
生活扶助義務・・・・・・・・・・・・・・・108
生活保護法・・・・・・・・・・・・・・・・・・106
生活保持義務・・・・・・・・・・・・・・・108
成年擬制・・・・・・・・・・・・・・・・・・39,75
成年後見制度・・・・・・・・・・・・17,87
成年被後見人・・・・・・・・・・・・・・・・・90
選定後見人・・・・・・・・・・・・・・・・・・・・88
尊　属・・・・・・・・・・・・・・・・・・・・・・・・・・24
存否確認の訴え・・・・・・・・・・・・・・58

た行

待婚期間・・・・・・・・・・・・・・・・・・・・・・・32
代諾離縁・・・・・・・・・・・・・・・・・・・・・・・69
卓床離婚・・・・・・・・・・・・・・・・・・・・・・・44
扶け合う義務・・・・・・・・・・・・・・・・・27
断絶養子・・・・・・・・・・・・・・・・・・・・・・・72
単独親権・・・・・・・・・・・・・・・・・・・・・・・75
嫡出子・・・・・・・・・・・・・・・・・・・・・・・・・・56
嫡出推定・・・・・・・・・・・・・・・・・・・・・・・57
嫡出でない子・・・・・・・・・・・・・・・・・59
嫡出否認の訴え・・・・・・・・・・・・・・57
抽象的離婚原因・・・・・・・・・・・・・・47
懲戒権・・・・・・・・・・・・・・・・・・・・・77,79
懲戒場・・・・・・・・・・・・・・・・・・・・・・・・・・80
調　停・・・・・・・・・・・・・・・・・・・・・・・・・・20
　　――に代わる審判・・・・・・・47
調停前置主義・・・・・・・・・・・・20,46
調停離婚・・・・・・・・・・・・・・・・・・・・・・・46
直　系・・・・・・・・・・・・・・・・・・・・・・・・・・24
貞操義務・・・・・・・・・・・・・・・・・・・・・・・50
特別養子・・・・・・・・・・・・・・・・・・・・・・・71

な行

内　縁・・・・・・・・・・・・・・・・・・・・・・・・・・・8
中継養子・・・・・・・・・・・・・・・・・・・・・・・64
日常家事債務・・・・・・・・・・・・・・・・・41
任意後見監督人・・・・・・・・・・・・・・97
任意後見受任者・・・・・・・・・・・・・・97
任意後見制度・・・・・・・・・・・・・・・・・96
任意後見人・・・・・・・・・・・・・・・・・・・・97
任意認知・・・・・・・・・・・・・・・・・・・・・・・60
認定死亡・・・・・・・・・・・・・・・・・・・・・・・26
ノーマライゼーション・・・・・・88

は行

配偶者相続権・・・・・・・・・・・・・・・・・50
配偶者法定・・・・・・・・・・・・・・・・・・・・91
破綻主義・・・・・・・・・・・・・・・・・・・・・・・48
PACS法・・・・・・・・・・・・・・・・・・・・・・・12
引き取り扶養・・・・・・・・・・・・・・・110
卑　属・・・・・・・・・・・・・・・・・・・・・・・・・・24
非嫡出子・・・・・・・・・・・・・・・・・・・・・・・56
必要的夫婦共同縁組・・・・・・・・66
被補助人・・・・・・・・・・・・・・・・・・・・・・・89
標準家計費・・・・・・・・・・・・・・・・・・110
夫婦間の契約取消権・・・・・・・・39
夫婦財産契約・・・・・・・・・・・・・・・・・40
夫婦同氏の原則・・・・・・・・・・・・・・38

夫婦別氏選択制……………………38
複数後見人（制）………………89,93
普通養子……………………………64
不貞の抗弁…………………………61
不当利得…………………………110
扶養義務……………………………27
ボアソナード………………………4
傍　系………………………………24
法定血族……………………………23
法定財産制…………………………40
保護基準…………………………110
保　佐………………………………89
補　助…………………………89,95
補助監督人…………………………95
ホモセクシュアル・マリッジ……11

ま行

身分権………………………………18
民法典論争…………………………4
民法の一部を改正する法律………16

無効婚の追認………………………34
明治民法……………………………15
妾制度………………………………31
面接交渉権…………………………52

や行

有責主義……………………………48
養親子同氏の原則…………………67
養　子………………………………56
要扶養者…………………………107

ら行

利益相反行為………………………81
離縁請求棄却条項…………………69
離婚届不受理願……………………45
療養看護……………………………92
臨時法制審議会……………………16

わ行

我妻栄………………………………5

[執筆者紹介]

奥山　恭子（おくやま　きょうこ）
帝京大学法学部助教授
一橋大学修士課程修了，早稲田大学博士課程単位取得終了
主要著書：『ラテンアメリカ諸国の法制度』（共著，アジア経済研究所，1988），『ラテンアメリカ家族と社会』（共編著，新評論，1992），『被保護成年者制度の研究』（共著，勁草書房，1996），『扶養と相続』（共編著，早稲田大学出版部，1998）他。

これからの 家族の法　1　親族法編

2000年5月10日　第1版第1刷発行
2002年4月10日　第1版第2刷発行

著者　奥山　恭子

発行　不磨書房
〒113-0033 東京都文京区本郷 6-2-9-302
TEL (03) 3813-7199
FAX (03) 3813-7104

発売　㈱信山社
〒113-0033 東京都文京区本郷 6-2-9-102
TEL (03) 3818-1019
FAX (03) 3818-0344

© Okuyama, Kyoko, 2002, Printed in Japan.
制作：編集工房 INABA　　印刷・製本／松澤印刷

ISBN4-7972-9233-4　C3332

導入対話シリーズ

1. **導入対話による民法講義（総則）〔補遺版〕** 9202-4 ■ 2,900円（税別）
   大西泰博（早稲田大学）／橋本恭宏（明治大学）／松井宏興（関西学院大学）／三林　宏（立正大学）

2. **導入対話による民法講義（物権法）** 9212-1 ■ 2,900円（税別）
   鳥谷部茂（広島大学）／橋本恭宏（明治大学）／松井宏興（関西学院大学）

3. **導入対話による民法講義（債権総論）** 9213-X ■ 2,600円（税別）
   今西康人（関西大学）／清水千尋（立正大学）／橋本恭宏（明治大学）
   油納健一（山口大学）／木村義和（大阪学院大学）

4. **導入対話による刑法講義（総論）** 9214-8 ■ 2,800円（税別）
   新倉　修（國學院大学）／酒井安行（青山学院大学）／高橋則夫（早稲田大学）／中空壽雅（関東学園大学）
   武藤眞朗（東洋大学）／林美月子（神奈川大学）／只木　誠（獨協大学）

5. **導入対話による刑法講義（各論）** 9262-8 ★近刊 予価 2,800円（税別）
   新倉　修（國學院大学）／酒井安行（青山学院大学）／大塚裕史（岡山大学）／中空壽雅（関東学園大学）
   関哲夫（国士舘大学）／信太秀一（流通経済大学）／武藤眞朗（東洋大学）／宮崎英生／
   勝亦藤彦（海上保安大学校）／北川佳世子（海上保安大学校）／石井徹哉（拓殖大学）

6. **導入対話による商法講義（総則・商行為法）** 9215-6 ■ 2,800円（税別）
   中島史雄（金沢大学）／末永敏和（大阪大学）／西尾幸夫（龍谷大学）
   伊勢田道仁（金沢大学）／黒田清彦（南山大学）／武知政芳（専修大学）

7. **導入対話による国際法講義** 9216-4 392頁 ■ 3,200円（税別）
   廣部和也（成蹊大学）／荒木教夫（白鴎大学）共著

8. **導入対話による医事法講義** 9269-5 ■ 2,700円（税別）
   佐藤　司（亜細亜大学）／田中圭二（香川大学）／池田良彦（東海大学）／佐瀬一男（創価大学）
   転法輪慎治（順天堂医療短大）／佐々木みさ（前大蔵省印刷局東京病院）

以下、続々刊行予定

9. **導入対話による刑事政策講義** 9218-0
   土井政和（九州大学）／赤池一将（高岡法科大学）／石塚伸一（龍谷大学）／葛野壽一（立命館大学）

10. **導入対話による民事訴訟法講義** 9266-0 椎橋邦雄（山梨学院大学）／豊田博昭（広島修道大学）
    福永清貴（名古屋経済大学）／高木敬一（愛知学院大学）／猪股孝史（桐蔭横浜大学）

11. **導入対話によるジェンダー法学講義** 9268-7
    浅倉むつ子（都立大学）／相澤美智子（東京大学）／山崎久民（弁理士）／林瑞枝（駿河台大学）
    戒能民江（お茶の水女子大学）／阿部浩己（神奈川大学）／武田万里子（金城女学院大学）
    宮園久栄（中央大学）／堀口悦子（明治大学）／橋本恭宏（明治大学）

12. **導入対話による独占禁止法講義** 9217-2
    金子　晃（会計検査院長）／田村次朗（慶應義塾大学）／鈴木恭蔵（東海大学）
    石岡克俊（慶應義塾大学産業研究所）／山口由紀子（相模女子大学）ほか

13. **導入対話による民法講義**（債権各論） 9260-1 橋本恭宏（明治大学）／大西泰博（早稲田大学）
14. **導入対話による民法講義**（親族・相続法） 9261-X 橋本恭宏（明治大学）／松井宏興（関西学院大学）
15. **導入対話による商法講義**（会社法） 9263-6 中島史雄（金沢大学）ほか
16. **導入対話による商法講義**（手形・小切手法） 9264-4 中島史雄（金沢大学）ほか
17. **導入対話による商法講義**（保険・海商法） 9265-2 中島史雄（金沢大学）ほか
18. **導入対話による憲法講義** 9219-9 向井久了（帝京大学）ほか
19. **導入対話による破産法講義** 9267-9 佐藤鉄男（同志社大学）ほか

不磨書房の みぢかな法律シリーズ

初学者にやさしく、わかりやすい、法律の基礎知識

───── 石川明先生のみぢかな法律シリーズ ─────

★最新刊

みぢかな法学入門【第2版】
慶應義塾大学名誉教授　石川　明 編

有澤知子（大阪学院大学）／神尾真知子（尚美学園大学）／越山和広（香川大学）
島岡まな（亜細亜大学）／鈴木貴博（東北文化学園大学）／田村泰俊（東京国際大学）
中村壽宏（九州国際大学）／西山由美（東海大学）／長谷川貞之（駿河台大学）
松尾知子（京都産業大学）／松山忠造（山陽学園大学）／山田美枝子（大妻女子大学）
渡邊眞男（常磐大学短期大学）／渡辺森児（平成国際大学）　　009203-2　■ 2,500円（税別）

みぢかな民事訴訟法【第2版】
慶應義塾大学名誉教授　石川　明 編

小田敬美（松山大学）／小野寺忍（山梨学院大学）／河村好彦（明海大学）／木川裕一郎（東海大学）
草鹿晋一（平成国際大学）／越山和広（香川大学）／近藤隆司（白鷗大学）／坂本恵三（朝日大学）
椎橋邦雄（山梨学院大学）／中村壽宏（九州国際大学）／二羽和彦（高岡法科大学）／福山達夫（関東学院大学）
山本浩美（東亜大学）／渡辺森児（平成国際大学）　　009223-7　■ 2,800円（税別）

みぢかな倒産法
慶應義塾大学名誉教授　石川　明 編　　649295-4

岡伸浩（弁護士）／田村陽子（山形大学）／山本研（国士舘大学）／草鹿晋一（平成国際大学）
近藤隆司（白鷗大学）／中山幸二（神奈川大学）／栗田陸雄（杏林大学）／宮里節子（琉球大学）
本田耕一（関東学院大学）／波多野雅己（札幌学園大学）／芳賀雅顯（明治大学）　■ 2,800円（税別）

みぢかな商法入門
酒巻俊雄（元早稲田大学）＝石山卓磨（日本大学）編

秋坂朝則（日本大学）／受川環大（国士舘大学）／王子田誠（東亜大学）／金子勲（東海大学）
後藤幸康（京都学園大学）／酒巻俊之（奈良産業大学）／長島弘（産能短期大学）
福田弥夫（武蔵野女子大学）／藤村知己（徳島大学）／藤原祥二（明海大学）／増尾均（松商学園短期大学）
松崎良（東日本国際大学）／山城将美（沖縄国際大学）　　009224-5　■ 2,800円（税別）

みぢかな刑事訴訟法
河上和雄（駿河台大学）＝山本輝之（帝京大学）編

近藤和哉（富山大学）／上田信太郎（香川大学）／臼木豊（小樽商科大学）／津田重憲（明治大学）
新屋達之（立正大学）／辻脇葉子（明治大学）／吉田宣之（桐蔭横浜大学）／内田浩（成蹊大学）
吉弘光男（九州国際大学）／新保佳宏（京都学園大学）　　649225-3

◇みぢかな刑法（総論）
内田文昭（神奈川大学）＝山本輝之（帝京大学）編

清水一成（琉球大学）／只木誠（獨協大学）／本間一也（新潟大学）／松原久利（桐蔭横浜大学）
内田浩（成蹊大学）／島岡まな（亜細亜大学）／小田直樹（広島大学）／小名木明宏（熊本大学）
北川佳世子（海上保安大学校）／丹羽正夫（新潟大学）／臼木豊（小樽商科大学）／
近藤和哉（富山大学）／吉田宣之（桐蔭横浜大学）　　649275-X　　【近刊】

◆市民カレッジ◆

1　知っておきたい **市民社会の法**　9230-X
　　金子　晃（会計検査院長）編　　■2,400円（税別）
　　　山口由紀子（相模女子大学）／石岡克俊（慶應義塾大学産業研究所）

2　知っておきたい 市民社会における **紛争解決と法**
　　宗田親彦（弁護士）編　9270-9　■2,500円（税別）

3　知っておきたい 市民社会における **行政と法**
　　園部逸夫（弁護士）編　9271-7　■2,400円（税別）
　　　渡井理佳子（防衛大学校）／早坂禧子（桐蔭横浜大学）／塩入みほも（駒澤大学）

ドメスティック・バイオレンス　お茶の水女子大学教授 戒能民江 著

■沈黙を破った女たち■ジェンダーと女性への暴力■DV防止法の成立　9297-0
DV法の制定は、DV対応の一歩にすぎない。総合的な検証と取組みへの指針■2,400円（税別）

これからの 家族の法　帝京大学助教授 奥山恭子 著

1　親族法編　9233-4　　2　相続法編　9296-2　　（2分冊）　■各巻 1,600円（税別）

◇◇ **法学検定試験**を視野に入れた **ワークスタディ シリーズ** ◇◇　最新刊

1　**ワークスタディ　刑法総論**（第2版）　定価：本体 1,800円（税別）
　　島岡まな（亜細亜大学）編　／北川佳世子（海上保安大学校）／末道康之（清和大学）
　　松原芳博（早稲田大学）／萩原滋（愛知大学）／津田重憲（明治大学）／大野正博（朝日大学）
　　勝亦藤彦（海上保安大学校）／小名木明宏（熊本大学）／平澤修（中央学院大学）／
　　石井徹哉（奈良産業大学）／對馬直紀（宮崎産業経営大学）／内山良雄（九州国際大学）　9280-6

2　**ワークスタディ　刑法各論**　定価：本体 2,000円（税別）
　　島岡まな（亜細亜大学）編　／北川佳世子（海上保安大学校）／末道康之（清和大学）
　　松原芳博（早稲田大学）／萩原滋（愛知大学）／津田重憲（明治大学）／大野正博（朝日大学）
　　勝亦藤彦（海上保安大学校）／小名木明宏（熊本大学）／平澤修（中央学院大学）
　　石井徹哉（奈良産業大学）／對馬直紀（宮崎産業経営大学）／内山良雄（九州国際大学）
　　関哲夫（国士舘大学）／清水真（東亜大学）／近藤佐保子（明治大学）　9281-4

3　**ワークスタディ　商法（会社法）**　石山卓磨（日本大学）編　9289-X
　　河内隆史（神奈川大学）／中村信男（早稲田大学）／土井勝久（札幌大学）／土田亮（東亜大学）
　　松岡啓祐（専修大学）／松崎良（東日本国際大学）／王子田誠（東亜大学）／前田修志（東亜大学）
　　松本博（宮崎産業経営大学）／大久保拓也（日本大学）／松嶋隆弘（日本大学）／川島いづみ（早稲田大学）